纪念张载诞辰一千周年

经学、理学与关学

论张载在中国思想文化史中的贡献

张岂之 著

西北大学出版社
·西安·

图书在版编目（CIP）数据

经学、理学与关学：论张载在中国思想文化史中的贡献 / 张岂之著. —西安：西北大学出版社，2020.9
ISBN 978-7-5604-4604-2

Ⅰ.①经… Ⅱ.①张… Ⅲ.①思想史–中国–文集 Ⅳ.①B2-53

中国版本图书馆CIP数据核字（2020）第190158号

经学、理学与关学
JINGXUE LIXUE YU GUANXUE

论张载在中国思想文化史中的贡献

作　　者	张岂之
出版发行	西北大学出版社
地　　址	西安市太白北路229号
邮　　编	710069
电　　话	029-88302590　88303593
印　　装	陕西博文印务有限责任公司
开　　本	720mm×1020　1/16
印　　张	15.25
彩　　插	4
字　　数	180千字
版　　次	2020年9月第1版　2021年6月第2次印刷
书　　号	ISBN 978-7-5604-4604-2
定　　价	55.00元

如有印装质量问题，请与本社联系调换，电话：029-88302966

作者2015年11月15日在北京举办的《关学文库》首发式上作主旨演讲

作者2019年3月7日在西北大学举办的《宋明理学史（修订版）》首发式上发言

2017年8月6日《光明日报》第7版刊登作者在陕西公祭黄帝学术研讨会演讲摘要（报影）

序 言

近十年来,我对关学开创者张载做了一些研究,特别是通过对经学、理学与关学发展脉络进行研究,梳理了张载"上承孔孟之志,下救来兹之失"的学术贡献。今年(2020年)是张载诞辰一千年,为让更多的读者了解张载在中国思想文化史中的贡献,我将过去写的关于此类研究的文章集中起来,交西北大学出版社编辑出版。敬请学界指正。

谢谢西北大学中国思想文化研究所陈战峰同志,他为这本书的出版做了不少协助工作。

张岂之
2020 年 4 月 10 日
于西安市西北大学中国思想文化研究所

目 录

序 言

中华文化的渊源与特色

追本溯源的意义 ………………………………………（3）
孔子儒学的价值理念与精神追求
　　——纪念孔子诞辰 2565 周年 ………………………（7）
我读《道德经》………………………………………（32）
从"天人之学"看中华文化特色 ……………………（41）
论中华文化的"会通"精神 …………………………（54）

张载及其理学思想

张载生平与关学 ………………………………………（63）
张载的本体论 …………………………………………（73）
张载的道德论和认识论 ………………………………（85）
张载与二程的关系 ……………………………………（100）

《宋明理学史》与《关学文库》

忆《宋明理学史》的撰著
　　——邱汉生先生对《宋明理学史》一书的贡献………
　　………………………………………………………（107）

《四书集注简论》与《宋明理学史》……………………（114）
在《宋明理学史》(修订版)首发式上的发言………（120）
《关学文库》总序……………………………………（124）
在《关学文库》首发式上的发言……………………（134）

关学与儒学

17世纪清朝初期中国学术史上的两大家：
  东南的黄宗羲与关中的李颙………………（141）
关于"和谐"理念的若干思考………………………（146）
简论"国学热"………………………………………（154）
略论中国传统社会政治体制与文化
  ——读史随感…………………………………（164）
书院与文化会通………………………………………（167）

儒学的现代价值

关于"马克思主义与儒学"的思考…………………（175）
儒学与中华历史及世界
  ——纪念孔子诞辰2565周年…………………（183）
传统文化独特的自我创新之路………………………（192）
文化自信的深厚历史底蕴……………………………（202）
中华文化连绵不断与儒学……………………………（214）
中华文明根脉与文化自信……………………………（221）
中国儒学与"构建人类命运共同体"………………（231）

中华文化的渊源与特色

追本溯源的意义*

我有机会参加中华炎黄文化研究会主办的"新时期炎黄文化研究的回顾与思考"学术研讨会,感到荣幸。这是一个大家感兴趣、值得深入讨论的主题。

我谈三点看法,就教于诸位学者。

一、中华文化有源头

近30年来关于我国炎黄文化的研究,许多学人有一个共同的认识,这就是:中华文化有源头。如果不承认文化有源头,那就等于否定了文化的传承与发展。谈文化传承与创新,需要一个坚实的基础,这就是承认并力求厘清文化的源头。

从20世纪初开始,我国学者们从考古学、历史学、人类学、民族学、民俗学、社会学等角度去探求中华文化的源头,即中华文明起源的大课题,经过数十年的努力耕耘,到今天(2010年),对炎黄时代、炎帝和黄帝的历史贡献已有了比较清晰的认识。

我们知道,民族是在人类历史上形成的,不会由一对夫妇及其后代繁衍而成。中华民族是一个多元统一体。费孝通先生等对此做出了有说服力的理论阐述。追根溯源,在炎黄时代,距今5000多

---

* 本文是2010年4月18日在"新时期炎黄文化研究的回顾与思考"学术研讨会(北京)上的发言稿。

年前,中原部落的统一、国家雏形的确立、文字的初现,为中华民族的多元统一奠定了基础。我们说炎帝、黄帝是中华民族在形成过程中有功德而受人尊敬的先贤,这是符合历史实际的论断。

从炎黄时期开始,中华文化像一条奔腾不息的巨流,有源头,有传承,有发展创新,有辉煌的未来。数十年来,特别是近30年来学者们关于炎黄时期和炎黄文化的研究,已经达到一定的认识高度,这是我国人文学术研究上的重要成果之一。

二、炎黄文化研究有丰硕成果

近30年来我国学术界关于炎黄文化的研究,已经摆脱个人手工作坊式的传统,不仅有不同学科之间的融合、协同(如史学与考古学的结合等),而且在研究方式上已经跨越个人狭小的书房,形成了学者群体性的研究方式。这里应当提到,1991年5月10日中华炎黄文化研究会在北京成立,当时召开了以"炎黄文化与民族精神"为主题的学术座谈会。在其影响和带动下,河南、湖北、湖南、福建、广东、陕西、天津、上海等省市分别成立了以"炎黄文化""炎帝研究""黄帝研究"命名的研究会。这些研究会对于炎黄时代和炎黄文化的研究发挥了很大的推动作用。

近30年来关于炎黄时代、炎黄文化的研究成果,用"丰硕"二字来形容,并不为过,至于具体数字,参加本次学术研讨会提交的论文中有所统计,这里从略。我只想提到这样一点,就是:关于炎黄文化,近30年来我国学术工作者在哪些方面取得了丰硕成果?大体说来,有以下几个方面:一是炎帝、黄帝与中华文明起源;二是炎黄时代、炎黄文化的内涵;三是炎黄文化与民族精神;四是炎黄文化与民族史研究;五是炎黄文化研究与考古学;六是炎黄文化与我国区域文化研究;七是炎黄文化与我国民俗文化研究;八是炎黄文化与中华文化认同感研究等。

还有一点,就是炎黄文化的学术研究受到各级政府的重视,并将其成果列入地方政府所主持的文献编纂中。以我比较熟悉的陕西省来说,其首轮修志中就列入《黄帝陵志》;续修志中又有《炎帝志》,作为该省特色志书的一种。我国其他地区类似情况很多,无须一一列举。

三、中华文化研究有灿烂前景

这不是口号,也不是空话,而是基于以下两点思考。其一,建设社会主义和谐社会,亟须弘扬中华优秀传统文化。众所皆知,当前我国存在着一些必须加以解决的重大问题,有些是制度环节方面的,有些则是属于人的思想意识和道德水平,即人的内在素质方面的问题,二者相互交错。如果不注意并采取得力措施来提高现代公民的整体素质,制度环节上的问题也难以解决。比如关系全国人民身体健康的《中华人民共和国食品安全法》早已通过立法,可是今天在我国市场上的食品安全仍然令人担心。一个健全的社会如果没有诚信作为思想支柱,再好的立法也难以发挥其应有的作用,因此,法律与道德的结合,对我们建设社会主义和谐社会来说是必不可少的。至于现代公民的整体素质和道德水平的提高,则离不开优秀文化的普及和深化。应当承认,在文化市场上,我国文化产业有了很大发展,但是不能根据这一点便说我国现代公民已普遍接受了民族优秀文化的熏陶。

文化产业和文化产品大都带有娱乐性、休闲性、消费性,至于能够引导人们严肃地思考人生问题、真正能触及人们心灵的文化资源,客观地说,在这一方面还存在不足,在未来的岁月要努力加以弥补。我们人文学者的责任相当重大,我们对民族优秀传统文化的重新注释、普及、宣传,也许只能说开了一个好头,远远没有达到应有的目标。

还有一个重要的方面,随着我国国际地位的提高、综合国力的上升,党和国家提出了中华文化走向世界的问题。中国学者对本民族的优秀文化研究愈深刻,向世界传播就愈有力。从这个角度看,中华文化的灿烂前景也是显而易见的。

民族优秀传统文化的传播离不开两个立足点,一个是追根溯源地研究中华文化的源头和演进;再一个是对中华文化重新诠释,进行创新,使其民族性与时代性紧密结合。兼顾这两个方面,才能提升我们对民族优秀传统文化的认识和理解。本次学术研讨会侧重于中华文化源头研究成果的总结,有了这个台阶,便于我们跨入另一个台阶,这就是传承与创新。我衷心祝愿此次学术研讨会圆满成功,谢谢大家!

2010年3月

孔子儒学的价值理念与精神追求
——纪念孔子诞辰 2565 周年*

孔子(约前 551—前 479 年)是儒学的创始者,他对中华文化的传承发展做出了重大贡献。今年是孔子诞辰 2565 周年。我们正在建设富强、民主、文明、和谐的社会主义现代化国家,实现中华民族伟大复兴。这个时候纪念孔子,需要继续研究孔子和儒学的价值理念与精神追求,从中汲取丰富营养。

笔者认为,我们不是讨论如何将儒学用于今天的中国社会,而是研讨孔子和儒学对中华文化的贡献在哪里,这个问题解决得好,自然就会知道如何继承发展儒学丰厚的文化遗产。

一、孔子的理想与实践:用教育文化去改造社会

孔子关注西周宗法礼制的存亡,他认为,这种礼制是以夏商两代为依据而制定的,在西周时期曾经结出了丰硕的文化果实。由此,他主张沿用西周的礼制。事实上,孔子生活在春秋末期,西周宗法礼制已经变形,出现摇摇欲坠的局面。

孔子在感情上不认同这样的变化,但是他以实际行动冲破了宗法礼制传统,办起了"私学"(用私学代替西周时的官学),倡导"有

---

* 本文是 2014 年 9 月 24 日纪念孔子诞辰 2565 周年国际学术研讨会暨国际儒学联合会第五届会员大会的论文稿件。

教无类",学生不分贵贱亲疏,更不论出生何地,都可以平等地接受儒家的教育。由此可见,孔子在社会发生重大变化的历史阶段,选定了这样的道路:用教育和文化去改造社会。

在中国春秋战国时期(前770—前221年)产生了许多思想学派,有儒家、道家、阴阳家、法家、名家(逻辑学家)、墨家、纵横家、杂家、农家、小说家,号称"百家争鸣",反映了这个时期中国思想文化的巨大成就。后来的中华文化都可以从诸子百家中找到文化传承的基因,其中的儒学不但对中国而且对世界都有影响。

孔子说:"吾十有五而志于学,三十而立,四十而不惑,五十而知天命,六十而耳顺,七十而从心所欲不逾矩。"①这里表述的不是孔子的"学历"和"知识水平",而是他在长期教育和文化传承实践中对于人生境界,即价值观的追求所达到的高度。

在孔子之前及其同时,许多人都讲"仁"。《国语·周语》:"言仁必及人。""仁"必涉及人与人的关系。《论语》多处为"仁"规定界说,着眼于人与人、人与社会如何相处。孔子不赞成把"亲亲"与"爱人"对立起来,认为"亲亲"是"爱人"的起点。讲"仁"不能离开"亲亲",同时也不局限于此,应面向社会。《论语·颜渊》云:"樊迟问'仁',孔子答'爱人'。"一方面是"己所不欲,勿施于人"②,另一方面是"己欲立而立人,己欲达而达人"③。将这两方面结合起来,就体现了"忠恕之道"。

两千五百多年来,孔子的"忠恕之道"被古今中外学者、思想家们誉为做人的准则,是孔子价值理念的集中体现。第一,"己所不

---

① 《论语·颜渊》。
② 《论语·颜渊》。
③ 《论语·雍也》。

欲，勿施于人"的道德准则并非高不可攀，人们经过努力是可以达到的。第二，人际关系并非只有"自己"这个主体，应同时兼顾到客体，即"他人"；孔子倡导的道德准则都是从两方面来说的，比如：父亲以慈爱对待儿子，儿子以孝道对待父亲，这样才真正达到了"爱人"的高度。第三，忠恕之道平实深刻，便于笃行。

孔子认为，人的思想行动符合"仁"的标准，可称之为"仁人"。"仁人"超越了人的本能，是具有高尚理想、深厚道德修养的人。这样的人，当他的理想与现实发生冲突，二者不能兼顾的时候，他会牺牲个人生命，去殉他的理想。对此，孔子给予很高评价："志士仁人，无求生以害仁，有杀身以成仁。"①在中华历史上，这样的理念熔铸成为中华民族志士仁人的共同信念，成为民族前进发展的动力之一。

孔子所说的"仁"是各种德目的总称。他曾提出其他德目，如：恭、宽、信、敏、惠，认为："能行五者于天下为仁矣。"②恭即庄重、自尊，宽即宽厚，信即诚信，敏即勤快，惠即乐于助人。

孔子重视孝道，认为人们心里尊敬父母，这才是真正的孝。他说，一般人认为"孝"就是养活父母，这很不够，如果没有孝心，这和饲养犬马又有什么区别呢？③

孔子的道德观具有深刻的理论基础，提到了人的认识论高度加以论述。他不仅说君子应当如何做，而且阐述了为何要维护道德伦理的尊严，因为只有这样，才符合人的认识法则。这个法则，孔子称之为"中庸"。

---

① 《论语·卫灵公》。
② 《论语·阳货》。
③ 《论语·卫灵公》。

何谓"中庸"?《论语·先进》中有这样的表述:"子贡问曰:'师与商也孰贤?'子曰:'师也过,商也不及。'曰:'然则师愈与?'子曰:'过犹不及。'"子贡问孔子:颛孙师(子张)和卜商(子夏)都是孔子的学生。他们两人谁强一些呢?孔子回答说:子张有些过头,子夏有些赶不上,这两者都不是中庸之道。

还有,"子曰:'……见义不为,无勇也。'"①——勇敢应当与正义的行动相结合。

"子曰:'人而不仁,如礼何?人而不仁,如乐何?'"②——"仁"应当和"礼""乐"相结合。

"子曰:'《关雎》,乐而不淫,哀而不伤。'"③——《诗经》中的诗使人快乐而不至于无节制,悲哀而不至于伤害身心。

"子曰:'知者乐水,仁者乐山。知者动,仁者静。知者乐,仁者寿。'"④——有智慧的人乐于水,不断流动,永不衰竭;有道德的人乐于山,不断积善成人,积善成家,积善成国。

还有,"子温而厉,威而不猛,恭而安。"⑤——孔子待人温和,对弟子严格要求,有威严而不凶猛,恭重而冷静。

此外,《论语》中多处记述了多与寡、有与无、实与虚、惠与不费、劳与不怨、泰与不骄等方面的统一,反映出中国古代辩证思维的特色,将道德规范与认识论密切结合,力求避免"过"与"不及"。北宋时二程(程颐、程颢)指出,"中"指的是平常的道理,而"庸"则是

---

① 《论语·为政》。
② 《论语·八佾》。
③ 《论语·八佾》。
④ 《论语·雍也》。
⑤ 《论语·述而》。

"和",君子做事与待人接物都力求不偏不倚,恰到好处,达到和谐的高度,这就是"庸"。"中庸"是中国儒学追求的精神境界。达到这个境界,无需成神成仙,在现实世界中,人们经过努力学习就可以达到。《中庸》①指出:一个讲诚信的君子,在学习上应该注意五个方面:"博学之"——广博地学习;"审问之"——详细地向别人请教;"慎思之"——周密地思考;"明辨之"——清楚地辨别是非、辨别善恶、辨别美丑等;"笃行之"——切实地身体力行,做到知行合一。

孔子讲道德操守,没有空洞说教的味道,合情合理,易于深入人心。孔子提出,君子要有"欲而不贪"②(有欲望但不贪婪)的品德。如果不是这样,让贪婪膨胀,其结果是"损矣"③,使自己走上了毁灭的道路,这是必须加以警惕的。

孔子的价值观成为中华儒学的共同准则。孔子以后儒家学派的代表人物结合他们所处时代的特点加以发展。战国中期孟子(约前372—前289年)在这方面也有很大贡献。他强调说,讲道德、重仁义,不仅是个人的事,而且事关天下国家。他说:"人有恒言,皆曰'天下国家'。天下之大本在国,国之本在家,家之本在身。"④道德修养应从个人做起,从而对天下国家产生影响。

为此,孟子提出"养气"说。所谓"养气"是指人们经过学习磨

---

① 《中庸》原来是《礼记》(秦、汉之际)中的一篇。《史记·孔子世家》认为《中庸》是孟子的老师子思写的。唐代文学家韩愈很推崇《中庸》。历经北宋时几位思想家的阐发,到南宋时思想家朱熹在前人研究基础上将《礼记》中的《大学》《中庸》提取出来,与《论语》《孟子》编在一起,称为《四书》。朱熹用了很长时间为《四书》作注,称为《四书章句集注》。

② 《论语·尧曰》。

③ 《论语·季氏》。

④ 《孟子·离娄上》。

炼,培育出一种基于高尚理想和志向的精神。它催人奋进,使人百折不挠。孟子称这种精神为"浩然之气"或"正气"。

关于"浩然之气",孟子这样描述,译成白话文为:

"这种气最伟大,最刚强。用正义去培育它,丝毫不加伤害,就会充满上下四方,无所不在。这种气,需要与道义配合,缺少道义,就失去了力量。这种气,是由道义的日积月累而成,不是偶然的正义行动所取得的。"①

在孟子看来,这种"浩然之气"是长期学习、磨炼的结果。对此,孟子说了一段富有哲理性的名言,用白话文表述,即:

"一个人要挑起重担,他的身体和思想都要经受长期的锻炼,饥饿、困乏经常袭来,思想矛盾不断,不如意事时时遇到。只有这样,才能坚定他的意志,提高他的能力,使他更加冷静、成熟。……"②

孟子还提出"大丈夫"理念,其标准,按照他的说法是:"富贵不能淫,贫贱不能移,威武不能屈,此之谓大丈夫。"③一个人身处富贵温柔之乡,不能丧失志向;身处贫贱困苦之地,不能改变人格;身处强暴威胁之时,不能丢掉气节,这才是真正的"大丈夫"(高尚的人格)。这是中华传统美德的集中体现,历代相传,成为中华民族精神追求的目标之一。

---

① 《孟子》书的原文是:"……其为气也,至大至刚,以直养而无害,则塞于天地之间。其为气也,配义与道;无是,馁也。是集义所生者,非义袭而取之也。"(见《孟子·公孙丑上》)

② "……故天将降大任于是人也,必先苦其心志,劳其筋骨,饿其体肤,空乏其身,行拂乱其所为,所以动心忍性,曾(增)益其所不能。……"(《孟子·告子下》)

③ 《孟子·滕文公下》。

二、孔子"和而不同"文化观的理论意义

关于人的价值观不仅探讨人与人、人与社会的关系,也离不开人与自然的关系。《论语》中记载有孔子与弟子们关于"天"的对话。他说:"天何言哉?四时行焉,百物生焉,天何言哉?"①这里强调天是自然。孔子要弟子们"不怨天,不尤人"②,要靠自身的努力。

《论语》中有孔子和弟子们对于自然认识的材料,大部分以自然知识为譬喻,说明政治、伦理和做人的道理,而不是自然本身。

但是,从孔子"和而不同"的文化观来看,他坚持用事物多样性的"和"来观察世界,反对单一的"同",从而提出"君子和而不同,小人同而不和"③。对此,我们可以从两方面加以阐释。其一,"和而不同"倡导博采众家之长的文化会通精神;其二,从先秦时期儒学的"天人之学"来看荀子论述人与自然相互关系的价值观问题。

先说会通精神。这里以我国第一部编撰于战国时期,在西汉时写定的中医药学经典《黄帝内经》为例略加说明。

《黄帝内经》的作者们对春秋战国时期的诸子百家学说不抱门户之见,凡有可取之处都加以吸取。其中有儒家思想,有墨家主张,有道家观点,还有法家的若干见解。名家、兵家,甚至阴阳五行学说中的某些成分也被吸纳。博采众家之长,因而《黄帝内经》奠定了与中华儿女繁衍发展密切相关的中医药学的坚实理论基础。

再举一例:中华文化中比较完整的关于"大同"社会的学说,主

---

① 《论语·阳货》。
② 《论语·宪问》。
③ 《论语·子路》。

要见于《礼记·礼运》。这是战国末年或秦汉之际儒家学者的著作，阐述了从据乱世到小康再到大同的历史进化观。其中关于大同社会有一段描述：

"大同"社会以"天下为公"为最高准绳，不同于"天下为家"的社会。

在"大同"社会中，社会财富不是私人所藏有的，而是为大家所共同享有的（"货，恶其弃于地也，不必藏于己"）。

在"大同"社会中，人人都要为了全体的利益而进行劳动（"力，恶其不出于身也，不必为己"）。

在"大同"社会中，育幼、养老都有很好的安排，能劳动的人从事劳动，而失去劳动条件的人由集体供养（"故人不独亲其亲，不独子其子，使老有所终，壮有所用，幼有所长，矜、寡、孤、独、废、疾者皆有所养；男有分，女有归"）。

在"大同"社会中，大家相爱，没有权谋欺诈和盗贼掠夺，和平地生活而没有战争（"是故谋闭而不兴，盗窃乱贼而不作，故外户而不闭"）。

在"大同"社会中，公共事务由大家来办理，可以选出人们信赖的人来担任必要的工作（"选贤与能，讲信修睦"）。

像这样的"大同"理想，不但继承了早期儒家思想，而且在不少地方继承了墨家思想，例如"选贤与能"就和墨家的"尚贤"原则相似；"老有所终"一段又相似于《墨子·兼爱中》里的一节，甚至"大同"这一名称也可能从墨家所说"尚同"沿袭而来。同时，《礼记·礼运》有些内容也受了老子思想的影响，如"大同"世界为"大道之行"，"大道"就是道家的术语。可见，"大同"理想主要来源于儒家，同时也吸取了墨家和道家的某些思想。

再看"和而不同"文化观的第二个特点,即战国末期儒者荀子关于"天人之学"的基本论点。

战国末期有些儒者研究《周易》的论述,保存在《易大传》中。其书基本上属于儒家学派,也吸收了道家的一些观点。《易大传》有十篇,又名《十翼》,其中《系辞》(上、下)在于发掘《周易》的哲学潜质,特别是关于"天人之学"的论述,对儒家和中华文化的发展有较大的影响。

《易大传》阐述的事物变易之理不同于《老子》主张柔弱、无为,强调刚健中正。《乾卦·象传》曰:"天行健,君子以自强不息。"不过,《易大传》在强调刚健的同时,并不否认柔弱的作用,主张刚柔相济、二者相互为用。

《周易》讲天、地、人三才之道的统一,《易大传》加以发挥,提出"生生之谓易",人们以此指导践行,除旧更新。又要人们笃信天地为万物之母、生养之源,应当加以礼敬,不可毁坏。

在上述思想影响下,战国末期,儒学集大成者荀子(约前313—前238年)本着孔子的思路,赞成"和"而否定"同",写出了名篇《天论》,把"和而不同"的道理阐发得深刻而清晰。

荀子写道:"天行有常,不为尧存,不为桀亡。应之以治则吉,应之以乱则凶。"认为天有常规,不受人的意愿支配。顺应天(自然)的法则,人们将从天那里取得养生之资,如粮食等。如果人们违反天的法则,将受到它的惩罚。荀子在《天论》中写下一大段关于加强农业生产的文字:"强本而节用,则天不能贫。养备而动时,则天不能病。修(循)道而不贰,则天不能祸。"他认为人们抓住农业这个根本,厉行节约,天就不能使人贫困,有充分的养生之资,人按照季节进行农事,天就不能使人患病;遵循农业生产本身的法则而行动,天也不能使人遭到祸患。可见,人在自然面前不是完全无能为力的。荀子又说:"错人而思天,则失万物之情。"如果看不到人的作用,只是企求天的恩赐,就和天人关系的真实情况相背离。基于上述分析,荀子的结论是:"故明于天人之分,则可谓至人矣。"

荀子"天人相分"的观点阐述了一个客观真理:当人从自然界分离出来,成为与自然相对的认识主体的时候(也就是认识到天人相分),人才有可能成为有智慧的人。他不是一般意义上的人,而是能认识并按照自然法则去行动的人。荀子称之为"至人",用今天的话讲就是"真正的人"。

强调"人"的地位与作用,这是儒学和中华文化及其理论的特色之一。中华文化以"人"为核心,进行探索,产生了"天人之学"(探讨什么是天,什么是人,人与天有何关系)、"变易之学"(探讨世界万物变化的道理)、"为人之学"(人的道德伦理标准)、"会通之学"(博采众家之长的文化观)等,构筑了丰富的理论体系。在这方面,荀子的"天人相分"论做出了重要的贡献。

荀子在《天论》中着重论述了天人相分,就是看到天和人各自的特点,呈现于人面前的是千姿百态的自然世界,不是一个色彩、一种声音的单调死板的存在。在异中求同,达到和而不同。由此,荀子在《天论》中写下这样的话:"万物为道一偏,一物为万物一偏,愚者为一物一偏,而自以为知'道',无知也。"在荀子看来,万物只是"道"的一个方面,个别事物是整体的部分,人们往往以偏概全,以部分替代整体。从"分"到"合",从个别到一般,这才是人们认识的正确途径。

荀子的天人相合论是通过人的生产活动来实现的。他认为,人能适应天时、顺应地利;人的这种努力,叫作"能参";人们发挥自身的能动性,叫作"所以参"。这二者结合才达到天人相合的高度。由此,荀子强调人能"群"、人是社会的动物。总之,荀子从天人相分观到天人相合观,在中国先秦时期达到很高的理论水平。

"天人之学"渗透于中国古代的科学技术,从天文历算、中医药学、古地理学、古建筑学中均可看到它的思想影响。我国古代文学与史学更加离不开天人之学的滋养。关于天人之学的丰富史料,从古代史学中可以见到。西汉时大史学家司马迁有一句名言:"究天人之际,通古今之变,成一家之言。"(《汉书·司马迁传》)在他看来,只有研究天人之间的关系,才能在学术上有所建树。

中国有自己独特的价值观,和西方不同。古希腊哲学是从探讨自然开始的,前苏格拉底的古希腊哲学家包括米利都学派(约前6世纪产生)、毕达哥拉斯(Pythagoras,约前580—前500年)、爱利亚学派(约前6世纪产生)、赫拉克利特(Heraclitus,约前535—约前475年)等,对自然现象及其形成的原因进行研究,一般都留下一篇《论自然》的作品。到巴门尼德(Parmenides,约前514—?),他区分了感觉和理性、存在和非存在、本质和表象、真理和意见。由此,古希腊哲学的抽象思辨能力大大提升,这是西方哲学最高命题即思维和存在关系问题的起点。在西方,后来也没有像中国哲学那样探讨天人关系。到20世纪中叶,西方思想家由于生态环境危机,才开始注意中国古代"天人之学"的理论及其实践意义。

三、儒家的"民本"观与"忧患"意识

孔子和儒家的"民本"思想源于西周礼乐文明。为西周制礼作

乐的周公提出"人无于水监,当于民监"①的理念。古代的镜子称为"监",周公要求执政者不要用水做镜子,而以"民"为镜,时时对照,检查自己,反省为政的得失。类似的理念常见于周人的文献,可见,在距今三千多年前中国历史上已经产生了"民本"思想。至于西周时"民"指什么,可在学术研讨中加以讨论解决,这里不论。

  孔子和儒家继承发扬了周公的"民监"思想,这是事实,但这和做官与否并无直接联系。孔子的弟子子夏说过:"学而优则仕。"②这只是一种愿望,并非表示实现"民本"一定要有官位。孔子本人除在鲁国短期做过"司寇"外,其余时间都在周游列国,宣传自己的思想,没有做官。他的弟子中虽有做官的,但也有很多与官位无缘。因而儒家的"民本"观并非鼓励人们都去做官。

  在孔子思想中,"民本"体现在如何对待"民"这个重大问题上。据《论语·公冶长》记载:"子路曰:'愿闻子之志。'子曰:'老者安之,朋友信之,少者怀之。'"孔子把有利于"民"而解除他们患难的行动称之为"圣",认为像尧、舜这样的"圣王"也没有达到。孔子把为"圣"的标准与利"民"联系在一起,极大地影响了后来儒学思想的发展。

  孟子论述了"民贵君轻"的思想,在《孟子·尽心下》中有一段完整的说明:"民为贵,社稷次之,君为轻。是故得乎丘民而为天子,得乎天子为诸侯,得乎诸侯为大夫。诸侯危社稷,则变置。牺牲既成,粢盛既洁,祭祀以时,然而旱干水溢,则变置社稷。"③

  在国家中,百姓最重要,社稷(土神和谷神,国家的象征)其次,

---

① 《尚书·酒诰》。
② 《论语·子张》。
③ 《孟子·尽心下》。

君主又其次。得到百姓的拥戴可以做天子。得到天子、诸侯的赞赏，只能做诸侯、大夫。一个国家的执政者要把百姓都赶出国境，另换一批百姓，在事实上是做不到的，但变换天子、诸侯是可行的。孟子认为这在历史上有"禅让"和"征诛"两说。"禅让"是他从氏族社会历史传说中得出的认识，而"征诛"则是孟子对夏商周三代交替历史的认识。他说汤伐桀，是"为匹夫匹妇复仇也"[1]；武王伐纣，是"救民于水火之中"。如果君不行仁义，残害百姓，就不成其为君，虽然他还占据着君位，但实际上已经成为"一夫"，并不是真正的"君"。齐宣王问孟子：对于汤伐桀、武王伐纣这两件事应如何看？武王以臣的身份而杀纣，是否"弑君"？孟子的回答是："闻诛一夫纣矣，未闻弑君也。"[2]

当中国历史演变至17世纪，即明末清初之际，儒学思想家黄宗羲（1610—1695年）在《明夷待访录》一书中提出：三代以下是"以君为主，天下为客"，君主把天下视为己有，独占天下之利，"为天下大害者，君而已矣"。他宣传"天下为主，君为客"的反命题。从表面看，这个命题和孟子"民为贵，社稷次之，君为轻"相同，但还有差别。孟子的命题是在战国中期提出的，劝说诸侯贵族实施"仁政"，创造统一天下的条件，而黄宗羲的命题则包含有批判君主专制主义的因素。秦汉以降，随着君主中央集权制度建立，统治者认为"国家"即皇帝。秦始皇出巡，刻石记功，声称"六合之内，皇帝之土……人迹所至，无不臣者。"[3]由秦始皇开创的"朕即国家"的君主专制制度为历代统治者所承袭。明末清初之际，有些思想家（儒学是他们遵循

---

[1] 《孟子·滕文公下》。
[2] 《孟子·滕文公下》。
[3] 《史记·秦始皇本纪》。

的基本原则)举起"天下"的旗帜,力求说明"天下"与君主的区别。除黄宗羲之外,他的挚友顾炎武(1613—1682年)也力求区别"亡国"和"亡天下"。他说:"易姓改号,谓之亡国。仁义充塞,而至于率兽食人,人将相食,谓之亡天下。"他强调"得天下"具有更加深刻的内涵,他说:"得天下者,匹夫之贱,与有责焉耳矣。"① 这样的爱国主义多少突破了易姓改号和朝代兴亡的观念。

还要谈到儒家的"忧患"意识。忧乐观实际是价值观。孔子多次讲述自己的"忧"与"乐"。他说:"德之不修,学之不讲,闻义不能徙,不善不能改,是吾忧也。"② 作为"君子",不注意自己道德品质的提高,不切磋学问,不按照道义的原则去行事,有了过错不能及时改正——这些就是孔子目睹春秋末期社会现实情况而产生的忧虑。

"忧"与"乐"相互依存,孔子有"忧"也有"乐"。他的名言:"学而时习之,不亦说乎?有朋自远方来,不亦乐乎?人不知而不愠,不亦君子乎?"③ 孔子夸赞自己的学生颜回:他身居陋巷,生活艰苦,在"人不堪其忧"的状况下能够"不改其乐"④,坚持追求道德和学业上的进步,实在是一位贤明的君子呵!孔子说自己"发愤忘食,乐以忘忧,不知老之将至"⑤。可见,孔子区别"忧"与"乐",其标准是人的道德修养和精神状态,这在中华文化中简称为"尚德"精神。

孔子关心社会的安定与和谐,这在《论语·季氏》中有详细的记载。当时鲁国公室衰微,在鲁国掌管实权的是所谓"三桓"(鲁庄公

---

① 《日知录》卷13"正始"条。
② 《论语·学而》。
③ 《论语·学而》。
④ 《论语·雍也》。
⑤ 《论语·学而》。

弟庆父、叔孙氏、季孙氏三家)。"颛臾"附属于鲁国,主东蒙山祭祀,季孙氏企图讨伐颛臾。面对这种形势,孔子讲了关于社会和谐的政治哲学,他说:"不患寡而患不均,不患贫而患不安。盖均无贫,和无寡,安无倾。"东汉经学家包咸(前7—65年)《论语章句》、南宋思想家朱熹(1130—1200年)《论语集注》认为,孔子在这里强调的是"上下和同""小大安宁"[1]"上下相安"[2]。归总一句话,在孔子看来,国家的忧患不在于经济实力是否充实,人力资源是否充沛,而在于对这些财物的占有和处理是否合理,能否使社会安宁有序。他强调人的作用大于物的因素。"政者,正也"[3],对于执政者来说,要求他们端正、公正。后来,中国古代的许多政治家、思想家,大都是沿着孔子的这个思路去看社会问题的。

"忧患"一词出于《易·系辞下》:"《易》之兴也,其于中古乎?作《易》者,其有忧患乎?"《系辞》的作者认为《易经》可能是文王时期的忧患之作。《易·明夷卦·彖传》举例说,殷纣王时期,天下无道,当时周文王被囚,蒙受大难,但是文王内存阳刚之德,外用柔顺之道,终于化险为夷。

在《易·系辞》作者们看来,《周易》主要讲天地、人事变化的道理,这简称为"变易之学"。人们通过占卜,就会知道如何趋利避害。正如《系辞下》所云:"《易》,穷则变,变则通,通则久。是以自天佑之,吉无不利。"这说明自然界和人类社会无一不在变化,礼仪刑法也是如此。当事物达到极限,会发生变化,变化了就能发展,发展了

---

[1] [清]刘宝楠撰,高流水点校:《论语正义》卷十九《季氏》,中华书局1990年版,第649页。

[2] [宋]朱熹:《四书章句集注》,中华书局1983年版,第170页。

[3] 《论语·颜渊》。

就能畅通,畅通了就能长久。基于此,《易·系辞》的作者们用"生生""日新"等来指称事物变化的过程,肯定它,赞美它。《易·系辞》还从历史角度阐明事物的变易之理,如黄帝、尧、舜时期的各种文明创造,给社会带来福祉,就是很好的例证。

《易·系辞》进一步研究了事物变易的内在根源,认为阴阳、刚柔、动静、吉凶、祸福、存亡等对立方面的相推相摩,引发了自然和社会的变化,用"穷神知化,德之盛也"八个字来说明:人们认识事物变化之奇妙,赞之为"盛德"。洞察至此,君子们才能够做到"安而不忘危,存而不忘亡,治而不忘乱,是以身安而国家可保"①。

忧患意识历代相传。唐代政治家魏徵(580—643年)将"忧患"解释为人的精神状态,据《新唐书·魏徵传》载,他说:"'思'所以危则安矣,'思'所以乱则治矣,'思'所以亡则存矣。"治国理政者能够不忘国家的危险因素,从而采取预防的措施,社会有望趋向安全;能够考虑明白混乱的原因,社会才能逐渐太平;能够思考清楚灭亡的原因,社会就能变得稳固。在魏徵的论述中,包含有忧患意识与社会和谐这二者互相依存的某种要点。如果没有忧患意识,也就看不到社会矛盾,找不到解决矛盾的妥善方法,建造不了社会和谐。因此,对于治国理政者来说,即或是在非常顺利和取得很大胜利的时刻,仍然要谦虚谨慎,牢记"自强不息"这个中华文化的古训。

关于忧患意识,人们经常将北宋时期政治家范仲淹(989—1052年)的《岳阳楼记》一文作为代表,要人们去诵读,指导自己的行动,这是很有见地的。

范仲淹有丰富的政治和实践经验,曾在延州(今陕西省延安市)

---

① 《易·系辞下》。

率军遏止西夏军的侵扰,访问过岳州(今湖南省岳阳市)岳阳楼。此楼唐朝时初建,宋仁宗时重修。范仲淹应友人之邀,著文以记其事。首叙岳阳西著名大湖——洞庭湖景观,次叙在淫雨霏霏的日子里登楼感物而悲,再叙春和景明之际登楼览物而喜。最后问如何才能"不以物喜,不以己悲",回答是:"居庙堂之高,则忧其民;处江湖之远,则忧其君。是进亦忧,退亦忧。然则,何时而乐耶?其必曰:先天下之忧而忧,后天下之乐而乐。"

这里提出了问题:政治家们怎样才能不因环境变迁而改变自己的志向?不因个人得失而转移自己的信念?范仲淹对此做出了明确回答:在朝廷做官,要情系黎民百姓;不在庙堂之上,仍然要有对于国家的忧患情怀。当天下人都有了快乐和幸福,这个时候才有个人的幸福。范仲淹把儒家的忧患意识提升到忧国、忧民的高度,对后世产生了深远影响。

四、中华文化传承与儒家经学

《诗》《书》《礼》《易》《春秋》是孔子思想产生的文化源头,也是他创立儒学所依据的思想资料①。孔子对这些古文献都做过深入的研究,自称"述而不作",其实这是谦辞,他在传承中有创造,并赋予这些文献以新的生命力,否则也不会有儒学的产生。从孔子开始,儒家学者经过对古文献整理研究经验的总结,产生了儒家特殊的经学诠释方法。

经学是指解释和阐述儒家经典的学问,其名称始见于《汉书·

---

① 原本为"六经",其中《乐经》失传,故称为"五经"。

儿宽传》。经本义指丝织物的纵线,《说文解字》:"经,织从(纵)丝也。"在这里经引申为书籍的含义,称重要书籍为"经",以与一般书籍相区别,或将文章中的提纲部分成为经,与阐述的部分分开来。汉武帝时,《诗》《书》《礼》《易》《春秋》始称为"五经",后逐渐增加其他儒家著作。经学包括文字学、历史学、天文历算、鸟兽草木之训释,政治思想、哲学思想、宗教思想则是经学的重要内容。这些门类在经书中都没有明确区分,要求学人们从会通和整体上加以全面理解。

《易·系辞上》云:"圣人有以见天下之动,而观其会通,以行其典礼。"近代学者高亨在《周易大传今注》中说:"此言圣人有以见到天下事物之运动变化,而观察其会合贯通之处,从而推行社会之典章制度。"①由此引申,会通是整体性、全面性研究,要求从异中求同,从部分中求统一,是文化学术的融合贯通。

儒家经学与政治有密切关系。汉武帝时期是经学成为统治思想的开端。建元元年(前140年),武帝令大臣、诸侯举贤良,丞相卫绾奏请"所举贤良,或治申、商、韩非、苏秦、张仪之言,乱国政,请皆罢"②,得到武帝认可。这件事显示出武帝有用儒家取代法家和纵横家等的意图。建元五年(前136年)立"五经"博士,表明经学已被提到官方学术的地位。但当时的经学并不完全适合武帝建立"大一统"国家的政治需要。元光元年(前134年),武帝诏问:"何行而可以章先帝之洪业休德,上参尧舜,下配三王?"③春秋公羊学派经学大师董仲舒建议"诸不在六艺之科、孔子之术者,皆绝其道,勿使

---

① 高亨著:《周易大传今注》,齐鲁书社1979年版,第518页。
② 《汉书·武帝纪》。
③ 《汉书·武帝纪》。

并进"①,被武帝采纳,这是当时多民族统一大国——汉朝统治的需要,儒学成为统治思想,但这只是经学中的春秋公羊学,而不是整个经学。

东汉章帝时建立了统一的经学。章帝建初四年(79年)召开白虎观会议,这是中国经学史上一次盛大的会议。会上对经学的理解虽有多种,但经过皇帝亲自裁决,加以统一。统一的思想基础是:共同维护"君臣之正义"和"父子之纲纪",即所谓"三纲五常"思想②,还有谶纬神学思想。尽管这个时代的经学有其历史的局限性,但是经学家们保存整理儒家著作,为中华文化传承做出了贡献。

中国封建社会一般说来,政教分离,没有形成像西欧那样的宗教黑暗时期。当时占统治地位的是儒家经学中的"三纲五常"说。皇权统治以此为准则,而民间也用经学来维护、巩固社会关系(家庭关系、宗族关系、人际关系等)。历代官方版刻经籍、社会启蒙读本、民间乡约村规,在思想观念上都同经学有关。西汉时有"五经",东汉时加《孝经》《论语》成为"七经"。唐时,《礼》分《周礼》《仪礼》《礼记》;《春秋》分为《左传》《公羊》《穀梁》,加上《周易》《尚书》《诗经》,成为"九经"。"九经"再加《论语》《孝经》《尔雅》《孟子》到宋代成为"十三经"。

儒学经书从"五经"到"十三经",反映了中国社会演进的需要,也是中华文化传承的展示。社会各个阶层都可从其中找到自己需要的价值观和文化要素。总体来看,儒家经书既维护社会尊卑贵贱的分野,又引导人们遵守道德规范,对君子的正心、诚意、修身、齐

---

① 《汉书·董仲舒传》。
② 三纲五常:君为臣纲、父为子纲、夫为妻纲为三纲,仁、义、礼、智、信为五常。

家、治国平天下的立志修养过程都有详细论述,说"十三经"是中华中古时期的文化百科全书,并不为过。

经学成为中国传统社会的统治思想,但它并没有妨碍其他学派思想的传承发展。从魏晋南北朝到隋代,有"三教合一"说,主张儒、释、道融合渗透,或称为三教"会通"。唐朝初,可以看到三教并举的文化现象。当历史演进到北宋时期,由于书院建立,促进了学人们的独立思考。学人们对经学笺注提出了怀疑,呼唤新思想出现。理学应时而生,它立足于儒学,兼采佛、道思想。

论述儒家经学,不能忽视清朝中叶出现的"专门汉学"思潮。其代表们[①]以实事求是的态度和严谨学风,精心研究、整理中华古代文化典籍,纠正了2000年来关于古代文献的若干谬误,为中华学术史、文化史的研究做出了贡献。他们掌握了一套严密的搜集、排比、分类以及识别文献资料的方法。他们知识渊博,研究的内容不局限于经学、史学,而扩展至天文、历算、音韵、训诂、金石、词章等各个方面。他们中有些人不仅是文献学家,而且是具有开拓精神的思想家。

这里简要介绍清代汉学思潮中的代表人物之一阮元(1764—1849年)在经书汇刻编纂方面的贡献:

1.《经籍纂诂》,106卷。这部书将唐以前散在群书中的古代传注按音韵编排。取材广泛,群经、诸子、史部、集部旧注以及古代字书如《尔雅》《方言》《说文》《释名》等,几乎囊括了唐以前的训诂著述。

2.重刻《十三经注疏》并附校勘记。《十三经注疏》合刻自南宋

---

① 阎若璩、胡渭、毛斯大、万斯同、顾祖禹等人,还有戴震、汪中、章学诚、焦循、阮元。

即开始,明清均有刻本,阮元根据宋本重刊并撰写校勘记,成为《十三经注疏》最规范的版本。

3.《皇清经解》(又称《学海堂经解》)。此书搜集清初至乾隆、嘉庆年间的经学著作74家,收书180余种,是对乾嘉汉学成果的汇集。

以上三部大书汇集了清代乾嘉汉学的研究成果,也是我们研究儒家经学不可缺少的著作。

五、从佛教儒学化看中华文化强劲的生命力

中华文化不是封闭的文化,它之所以有悠久的生命力,由于它具有开放的特色。这一方面表现为中国境内各民族间的文化交流和共同创造。另一方面则体现在中外文化交流上。中国的丝绸,改变了西方人的穿着;而西域的物产和音乐,也改变着中国人的日用习惯和音乐风格。中国儒学影响了日本、朝鲜的学术发展,南亚的佛教也影响了中华文化。汉唐时期中国对外域文化的吸收消化,促进了汉唐灿烂文明的出现,而唐宋时期中华文化的远播也影响了东南亚诸国的发展进程。时至明清之际,尽管官方采取了"海禁"政策,民间的海外交往并未止步。明代郑和下西洋,未侵占外国的一寸土地。此后民间通过海上线路的中外交通日益发达。中国的一些商人和平民,在海上往来贸易,甚至到东南亚以及世界各地定居,成为今天海外华侨的祖先。他们为远播中华文化做出了很大贡献。

这里以印度佛教传入中土与儒学融合为例,来看中华文化的强劲生命力。

两汉之际,佛教传入中国以后,中国僧人为寻求佛教梵本,解答

佛法中的疑难,不畏旅途艰苦,远赴印度取经,在中国思想文化史上写下"舍身求法"的光辉篇章。唐代玄奘(602—664年)本姓陈,深得唐太宗李世民的信任,为深入了解印度佛教,决心去那里取经,得到唐太宗的支持。玄奘于贞观三年(629年)从长安出发,历经千辛万苦到达印度,在著名的那烂陀寺学习五年,在印度各地游学交流四年,往返路程走了八年,于贞观十九年(645年)回到长安,先后在弘福寺、慈恩寺从事译著工作。

玄奘的精神,鲁迅在《中国人失掉自信力了吗?》一文中说:"中国自古以来,就有埋头苦干的人,就有拼命硬干的人,就有为民请命的人,就有舍身求法的人。……这就是中国的脊梁。"

佛教传入中国后,和中华本土文化相融合,经历了很长时间。我国前辈学术大家汤用彤先生在《汉魏两晋南北朝佛教史》和《隋唐佛教史论》中指出,佛教传入中国后,经历了三个阶段:从形似到传神再到会通,即"格义""玄化"到"儒化"。

两汉之际至三国、两晋,佛教始传,为沟通中外文化在语言、概念上的障碍,用中华文化中的名词概念去比附解释佛教经文。这种方法往往牵强附会,背离佛经原义。到南北朝时,玄学盛行,佛教逐渐与玄学合流,史称"佛玄"时期,这当然不可能准确地解说佛教。到隋唐时期,佛教传入已有七八百年,佛教儒学化终于实现,主要表现在佛性与儒家心性说结合。隋唐时期,佛教各宗派大多以心性论为本派学说的重点。特别是禅宗,更是着重讲心性。六祖慧能在《坛经》中说:"佛向性中作,莫向身外求。"并作一偈语:"菩提只向心觅,何劳向外求玄?所说依此修行,西方只在眼前。"这不仅是儒家心性论的佛教版,而且在唐代盛行的道教内丹术中也有这方面的影响。

另外,出世并不反对经世。隋唐时期中华各佛教宗派的创始人一方面接受皇权的支持和保护,另一方面也为皇权祈福效力,他们中许多人被诏封为"国师",亦可成佛。

还有,偈语与语录并用。语录体,本是中华早期儒学著作中的一种文体,如《论语》,言简意赅,朴实无华。这是《易传·系辞》所提倡的"易则易知,简则易从"的思维方式。这种文体也影响了隋唐时期的中土佛教,慧能《坛经》以语录体为主,穿插若干宗教偈语,这体现了中国古代语录文体的"简易",而且启发了宋明时期的理学家们。

隋唐时期,佛教儒学化程度决定了他们传播佛教的力度。"化"得比较好的,如天台、华严和禅宗,它们的影响随之扩大,朝鲜、日本等邻国也开始建立天台、华严、禅宗等佛教宗派。总之,佛教的儒学化,引起深刻而广泛的文化影响,并带来艺术、音乐、建筑、雕塑、文学等方面的文化交流①。

文化交流是双向的。唐朝"安史之乱"后,文人学士们在坚守儒学理论和社会政治思想的同时,广泛吸收佛教和道教思想,充实自己的理论体系。韩愈(768—824年)、李翱(772—841年)、柳宗元(773—819年)、刘禹锡(772—842年)等人,在个人修养和政治上推崇儒学,在思想上和学术爱好上出入佛老,居庙堂之高讲修齐治平,处江湖之远则"栖心释梵,浪迹老庄"②。柳宗元声称要"统合儒释,宣涤疑滞",针对韩愈批评他"不斥浮图"的指责,他回答说:"浮图

---

① 参看张岂之主编:《中国思想史》(修订本),西北大学出版社2012年版,第497—500页。

② 〔唐〕白居易撰,顾学颉校点:《白居易集》卷三十五《病中诗十五首并序》,中华书局1979年版,第787页。

诚有不可斥者。"①近世学者陈寅恪指出："南北朝时,即有儒释道三教之目,至李唐之世,遂成固定之制度。如国家有庆典,则召三教之学士,讲论于殿廷,是其一例。故自晋至今,言中国之思想,可以儒释道三教代表之。"②

宋代,佛教思想对学术的影响更加显著。周敦颐(1017—1073年)的《爱莲说》显然与佛教莲花自性清净的论述有关。理学大家朱熹的思想,反映了华严宗的印迹。朱熹的《中庸章句》的《序说》,脱胎于华严宗的理事说,而又受到程颐的影响。陆九渊(1139—1193年)的心学思想,明显接受了禅宗的影响。

道教的影响也不可低估。宋代先天图、河图洛书、太极图的传授,均出自道教。不过在不同的理学家那里,这种情况并不完全相同。周敦颐的《太极图说》,受道教影响较多。朱熹著《参同契考异》,主要在研究道教的经典。

从中国思想史来看,宋代理学家们都受佛教、道教的影响,这使他们的思想更加开阔,理论更加深邃,在价值观和人生境界的精神追求上又有所提升。

六、结束语

中华文化源远流长,5000多年没有中断过,其中积淀着民族智慧、民族价值尺度、民族的思维方式和生活方式。汉族文化与少数民族文化相互交流、融合,构成中华文化的整体,即中华民族的精神

---

① 《柳宗元集》卷二十五,第668、674页。
② 陈寅恪著,陈美延编:《金明馆丛稿二编》,生活·读书·新知三联书店2001年版,第283页。

家园。

儒学不是神的文化,而是以"人"为核心的道德文化,讲如何做人,做有道德、有理想、有作为的人;与人讲诚信友善,讲互相尊重,讲己所不欲,勿施于人;讲忠恕之道。

儒学不是宗教,它是中华的人文文化,它在发展过程中吸取了佛、道等宗教思想中的某些优质,又加以改造,使自身更加丰富。

儒学是讲爱心的文化,爱国、爱亲、爱大众、爱自然、爱一草一木,即所谓"泛爱众而亲仁"。

儒学竭力排除极端,是主张践行"中庸"辩证思维的文化,反对"过头"与"不及"。

儒学引导人们追求和谐,鼓励人们营造人与社会、人与自然、人与人以及自己内心的和谐,主张用和谐取代社会冲突。儒学讲"王道",反对"霸道",主张道义、和平。

儒学不排斥外来的优秀文化,主张"和而不同",倡导博采众家之长的文化会通精神。

儒学重视教育和人才培养,认为人们经过教育和自己的努力皆可以成才;它不是少数天才的文化,而是中华民族整体的文化。

儒学是中华历史的产物,不可能没有历史的某些局限,但这些并不影响它成为中华民族丰富深刻的精神财富。我们建设社会主义小康社会,要有包括儒学在内的中华民族优秀传统文化作为精神的活水源头。

2014 年 7 月

我读《道德经》*

感谢论坛邀请！我以《我读〈道德经〉》为题，在四五十分钟时间之内谈一谈我个人读《老子》（又名《道德经》或《道德经五千言》）的一些体会，以便与朋友们交流。

我这里所讲的《老子》，是指三国时期魏人王弼注解的《老子》，也称为《老子》的通行本。《老子》仅有五千字，所以被称作《道德经五千言》。为什么要做上述说明，目的是强调我的讲题不包含地下出土的《老子》著作，如1973年出土的湖南长沙马王堆帛书《老子》、1993年出土的湖北郭店楚墓竹简《老子》，这些内容我已在其他论文或场合作过论述。

我从历史文化的角度谈自己关于《老子》的体会，来不及从宗教文化的角度看《老子》。但是宗教文化特别是道教文化的研究需要深入地展开，这个课题我想将来有机会再和朋友们商量。

老子其人的生平状况究竟怎样？历史上的记载最有权威性的就是陕西韩城人、大史学家司马迁在《史记》中的记载（《老子韩非列传》）。我们称"老子"，往往忘记了他的名和姓。老子，姓李，名耳，楚国苦县（今河南鹿邑）人。他也被称作"老聃"，"聃"即"耳长貌"，他是一个耳朵很长的有智慧的老人，从"老聃"引申出"老子"，成为人们熟悉的称谓。他曾经担任东周王室管理图书的工作，用今

---

* 2012年3月4日在首届"西安楼观·中国老子文化节"之"老子道文化与社会发展"高端论坛上的讲演。

天的话说就是东周国家图书馆的馆长。他学问渊博,对兵学、农学都深有研究。司马迁《老子韩非列传》记载,老子看到东周王室衰微的景象,不愿意待下去了,出了函谷关(在今河南灵宝市附近),"不知所终"。究竟老子去了哪儿,司马迁也弄不清楚了。因此,老子是否到关中的楼观台讲经,并写《道德经》,仍然是一个疑问。但是,楼观台是道文化的重要基地,这是不容否认的。

  我开始读《老子》,是在我读大学本科的时候,1946 到 1950 年夏天我在北京大学哲学系读书,主课有"中国哲学史"。老师讲《老子》,学生必读《老子》,当时我没有读懂,没有特别的感受。我在大学写的日记里,关于《老子》几乎没有新的体会。大学毕业以后,1950 年夏天我考进清华大学哲学系读研究生,当时清华大学还有文科,1952 年年底清华大学的文科全部合并到北京大学。清华大学哲学系教授朱谦之先生专门研究《老子》,我向他请教如何读《老子》。朱谦之先生没有正面回答我的问题,他说:"你现在还年轻(二十多岁嘛),不要着急,到你四十多岁的时候再读,或许会有一些心得。"话说得很活,"或许会有一些心得",不排除四十多岁再读仍然没有什么心得。1952 年年底我来到古城西安,在西北大学做讲师,课程讲得很杂,没有时间读《老子》。后来政治运动不断,所有的政治运动与《老子》大异其趣,所以我四十岁也没有很好地读《老子》。一直到五十多岁,我国进入改革开放新的历史时期,我才真正回到了研究岗位,从事中国思想史研究,开始重新读《老子》。我算了一下,从五十多岁到六十多岁,再到七十多岁,到今天八十五岁,我的精神生活,我的灵魂深处,已离不开《老子》了!在我家客厅有两幅字,一幅是老子的名言"道法自然",一幅是孔子的名言"仁者寿"。老子和孔子是我最崇敬的中国古代两位大思想家。我的精神生活离不开道家,也离不开儒家。总之,在我的血液里流淌着中华优秀的传统文化,我是真正的中国人,我是真正的炎黄子孙!

这三十年,我所写的书里,关于《老子》的研究占有一定的篇幅,因为时间的关系,我只是很简略地介绍一下。

一、世界的本原是道

老子认为,世界的本原就是"道"。《道德经》全书八十一章,直接谈到"道"的有七十七章,"道"字在五千言中出现过七十四次,从不同的层面阐述世界的本原。

"道"在汉语系统中最初指"道路",老子讲的"千里之行,始于足下,"(《老子》第六十四章)就是指道路。再向前推,走到尽头,"道"就变成为世界的本原了。在座的年轻朋友,你们要读《道德经》,我建议首先要将第一章读懂,该章是五千言《道德经》的总纲。"道,可道,非常道","道"可以用语言来表述,但用语言表述的道并不是常道。"名,可名,非常名","名"可以用文字来表述,但用文字表述的名并不是常名。"无,名天地之始","无"才是天地的开始。老子所说的"无"是什么呢?"无"指空间,没有任何形象,不好说它是方,也不好说它是圆,所以说"无"名(动词,叫作)天地的开始。"有,名万物之母",有才是万物的开端,"有"开始有了具体的形象了。老子接着提到,"故常无欲以观其妙",人们用"无"去了解"道"的奥妙。"常有欲以观其徼",用"有"去体会"道"的伟大的创造。"此两者同出而异名","无"和"有"都是"道"的表现。"同谓之玄",用一个名词来表述,就叫作"玄"。"玄"是"玄妙"的"玄","道"的作用就是"玄"。"天地玄黄"(《千字文》),玄指黑色,意味着深远幽杳,看不清楚它的细节。所以说"玄之又玄,众妙之门",这种"玄妙"才是天地万物产生的根源呀。整个第一章的核心就是"玄之又玄,众妙之门"。

老子不用"神",不用上帝祖先神,也不用基督教万能的 God 去说明世界,而用"道"去说明世界。老子也不用不同的物质,如中国古代的金木水火土,去揭示世界的来源。老子用智慧把握世界的本质与来源,这是一种哲学的方式。哲学,简言之,就是智慧之学,是从多中求一的学问。世界现象纷纭复杂,其中贯穿着的本质或本原,就是"一"。在老子哲学中,这个"一"就是"道",分而言之,就叫作"无"和"有"。"道"怎样转化为丰富多彩的世界呢?这种转化或变化的过程,就是"玄之又玄,众妙之门",很难一下子用语言文字表达清楚。但是老子用"道"说明世界的本原,这是中国文化史上最早的伟大创造,走在西方的前面。

二、世界万物怎样从"道"中产生?

《老子》称"道法自然",(《老子》第二十五章)"道"自然而然地产生出了千变万化的世界。

朋友们,如果要读《老子》,我希望注意"道法自然"中"自"这个字眼,"自"即自己,在《老子》中出现很多次,如"自是"(《老子》第二十二、二十四章)、"自正"(《老子》第五十七章)、"自化"(《老子》第三十七、五十七章)、"自伐"(《老子》第二十二、二十四章)、"自知"(《老子》第三十三、七十二章)、"自见"(《老子》第二十二、七十二章)、"自胜"(《老子》第三十三章)、"自定"(《老子》第三十七章)等。在《老子》思想中,世界是自然而然地产生的,本来就是这样的状态,天然就是如此,这就叫作"自然",没有哪一个神或 God 来创造它。所以说"人法地,地法天,天法道,道法自然。"(《老子》第二十五章)人效法于地,地效法于天,天效法于道,天地人都是自然而然地从"道"中产生的。

"道法自然"可以给我们很多体会。朋友们,我们五千多年文化史上,人们世世代代都很重视劳作和创造,他们观察世界,日夜更迭,四季交替,往复不息,所以,《老子》讲天道的特点是"反",也是"不争"。天道"不言",也不骄傲,自然而然。老子认为,整个的天道像无形的巨网一样,广大无边,虽然稀疏,却没有任何遗漏,将一切都囊括在其中,"天网恢恢,疏而不失。"(《老子》第七十三章)

《老子》所谈的人道很自私(只有婴儿不自私),天道"损有余而补不足",人道"损不足以奉有余。"(《老子》第七十七章)人道偏执,由人道所形成的社会也很不公平,流行阿谀奉承、追逐名利,因而人道应该学习天道的自然而然。朋友们,《老子》告诉我们一个真理,人道应当效法自然而然的天道。这一点,可能会给我们一些感触吧。

三、关于《老子》的重要理念
——"反者道之动,弱者道之用"

"反者道之动,弱者道之用"(《老子》第四十章)是《老子》的主要内容和精神。

道一直在运动,道的运动路线就是"反",即道不断向相反的方向运动。今天,我们青年身轻力壮,精力饱满,健步如飞,充满了活力,然而"反者道之动",一到中年和老年,情况就发生了变化,老年可能要扶着拐杖走路,做到步行自由就已经很不容易了。人人皆有生,人人皆有死,正印证了"反者道之动"的道理。道的运动路线就是不断向相反方面运动,以至最后回到道本身的出发点,这两种含义("相反""返归")都叫作"反",包括返本与向对立面转化。它提醒世人,不仅要看当前,还要着眼长远,有一个规律,任何社会、个人都挡不住,这就是"物极必反"的法则,任何事物发展到顶点就会向相反的方面发展。老子在《道德经五千言》中将"反者道之动"的"物极必反"规律讲得十分透彻,比当时任何一部著作都要讲得透彻。

既然"反者道之动",那么,有没有可能防止事物向相反的方向转化,怎样才能防止事物向相反的方向转化,以便避免灾祸?老子提出必须柔弱,"弱者道之用",要无为。"无为"是《老子》特有的概念,指不强求,不妄为,不自以为是,不要把事情做得非常绝对,要有包容性,这样事业最终才能成功。"天下难事,必作于易。天下大事,必作于细。是以圣人终不为大,故能成其大。"(《老子》第六十三章)天下的难事,一定开始于容易;天下的大事,一定开始于细微处。因而圣人不自视甚高,不把自己看作为大,所以最终能自然而然地成为大。"圣人终不为大,故能成其大",对今天的年轻朋友也会有启发。

四、老子倡导"上善若水"

"上善若水"(《老子》第八章)意思是最高的善像水那样,是至柔的,无为的,但它才是真正无坚不摧的,才能够成其为"大"。

至善若水,我想向大家提一个问题,水的特性是什么?水的特性,自古以来大家的看法相同,"人往高处走,水往低处流",水的特征是向下。用现代汉语来讲,就是与老百姓永远在一起,眼睛向下,心胸向下,向着人民。用《老子》的话讲,就是"圣人无常心,以百姓心为心。"(《老子》第四十九章)圣人不考虑自己固定的想法,而是以百姓的心思作为自己的心思。"以百姓心为心"相当于今天"与人民同命运,共甘苦"的说法,2500多年前《老子》已经提出来了,很了不起!

《老子》第八章专门谈"上善若水"。"上善若水",最高的善要像水那样。"水善利万物而不争",水善于帮助万物而不与其他的人争利。"处众人之所恶",水停留在人们都不喜欢的地方(向下嘛)。"故几于道",所以水接近于"道"。懂得这个道理,怎样才能做到"上善若水"呢?《老子》提出,"居善地",做人要像水那样安于卑下,要谦卑;"心善渊",存心要像水那样的深沉;"与善仁",交朋友要像水那样的相亲;"言善信",言语要像水那样诚实无欺;"正善治",为政做官要像水那样清廉;"事善能",办事情要像水那样无所不能;"动善时",行动要像水那样恰逢其时;"夫唯不争",正因为能做到像水那样与万物无争,而且不高高在上,永远保持着谦虚卑下的姿态;"故无尤",才不会犯大的错误。这一段既谈到做人的原则,又谈到为政的纲要。

总之,《老子》的"上善若水"也就是"无为"的原则,"柔弱"的原则。"上善若水"的根本精神是什么呢? 我觉得应是"大爱"的精神。这种"大爱"精神为中华民族树立了很好的精神支柱。

还有最后一点,过去我们没有注意到。最早提出生态文明含义的是《老子》,这在道文化中具有很大的影响。《老子》中没有人类中心主义的偏执,但是西方文明中人类中心主义非常明显。《老子》

所主张的人与自然是一体的,人应该尊重自然,自然而然,与自然和谐相处。老子理想的世界蓝图是万物和谐,各有个性,充满生机的协调的世界。因此,要让生态文明理想深入人心,对我们中华儿女来讲,希望有更多的人去读《老子》。

其他方面,因时间关系,我就不涉及了。

这些认识,我在20世纪90年代初有所论述,有论文和书可作证明。正因为对《老子》有这样的体验,在20世纪80年代末90年代初,我向当时陕西省省长白清才先生建议,在陕西最好能够成立老子思想研究会,得到了白清才省长的支持。陕西老子思想研究会成立,并举行了两次老子思想学术研讨会,出版了论文集。后来一度停顿。现在在新的历史阶段,老子思想研究会又被批准恢复,我们即将展开老子及道家思想的学术研究。这个研究会将由西北大学中国思想文化研究所谢阳举教授具体负责。

最后再说几句。喜怒哀乐,每个人都会有,我也有。我的喜怒哀乐通过什么加以解决呢?我不相信宗教,我通过阅读中华传统文化的人文经典来解决。在千万种人文经典中,我觉得两本最为重要,一是《论语》,是孔子和他的学生的对话集;一是《老子》。如果把这两本人文经典,读得很熟,在我们血液中被吸收融化,那么任何的苦难都能够抵御得住,在任何忧患的环境中都可以转化为顺利和幸福。朋友们不妨试验试验。

今天我们读《老子》,我希望在我们的社会里多一点淳朴自然,少一点雕琢文饰;多一点眼睛向下,眼睛向平民百姓,眼睛向人群中的弱势群体,少一点浮躁,少一点势利,少一点急功近利!我还希望在我们古城西安多一点蓝天,少一点阴霾。过去我们西安发布的空气质量报告,称蓝天数是250多天,但今年年初再测,据报刊报道,不知是否准确,蓝天数不足183天。在西安市,朋友们都可以感受到,今年一月和二月,见到蓝天、灿烂太阳的机会太少了!我每天写日记,总有一个记录,都是阴霾、多雾、多云,灿烂的阳光很少见到。除了自然因素以外,人为的因素,特别是我们西安市燃放爆竹控制的不严,管理的不善,听之任之,需要彻底地改进。另外,我还希望,我们要宣传《老子》的"上善若水",很具体,很切合实际,很有说服力。儒家的代表孔子,前年我去他的故乡山东曲阜参加学术研讨会。孔子出生的地方尼山距曲阜很近,一到尼山,给人以特别鲜明的印象,水好得很,立刻使人想起"子在川上曰:'逝者如斯夫!不舍昼夜。'"(《论语·子罕》),又使我想起南宋的大学问家朱熹讲儒学经久不衰,因为它有活水源头。活水源头也是水,朱熹的《观书有感》非常好,我们需要记在心头:"半亩方塘一鉴开,天光云影共徘徊。问渠那得清如许?为有源头活水来。"活水太重要了!

最后,我想用一句话结束我的发言,我们既要读古代王弼注的《老子》,也要读《老子》的现代版,把今天的时代精神和《老子》道文化中的精华紧密地结合起来。我希望我的讲演结束以后,在座的起码有一半的朋友们会去读《老子》,去思考《老子》的现代版应该增加哪些新内容。

谢谢大家!

从"天人之学"看中华文化特色

探讨中华文化精华及其特色,分析它的重要理念,揭示其丰富内涵,与西方文化进行比较,这样也许会有所得。

中华文化精华中有哪些重要理念,要看从哪个角度着眼,学者间仁者见仁、智者见智,这是很自然的事。如果从中华文化的构成上进行分析,我的浅见是:其中的"天人之学""变易之学"与"会通之学"也许可称之为基本理念。这里,我想就"天人之学"试做一些分析,向诸位请教。

一、中华文化的源头

谈中华文化最好从文明起源说起。

炎黄时期距今 5000 多年,这是中华文明的源头。从历史学观点看,炎帝族和黄帝族是史前两个关系密切的大氏族部落,他们对后来中华民族的生衍发展有很大影响。

我国考古学者指出新石器时代仰韶文化①后期和龙山文化②是中华文明的起源期,炎黄时代就在这个时期内。

炎黄时代③的主要贡献是在原始农业和原始文化方面,发明医药是炎帝神农时代的又一重大成就。这些是见诸若干古文献的。我国农业考古学证实距今八九千年,原始农业已有相当发展,在此基础上产生了原始文化。

原始文化不能称之为原创性文化,当时文字初创,也没有文化观和思想体系,是文化源头。在中华民族文化发展史上,形成独特的文化观,以及丰富的文化内涵,才称之为原创性文化,这指的是先

---

① 仰韶文化:是中国黄河中游地区重要的新石器时代文化,持续时间大约在公元前5000年至前3000年。主要分布在黄河中游地区,今天在中国已发现上千处仰韶文化遗址,其中陕西省最多,是仰韶文化的中心。仰韶文化的名称源于1921年在河南省三门峡市渑池发现的仰韶村遗址。

② 龙山文化:泛指中国黄河中下游地区约当新石器时代晚期的一类文化遗存。铜石并用时代文化,因首次发现于山东历城龙山镇(今属章丘)而得名,距今约4350—3950年。分布于黄河中下游的山东、河南、山西、陕西等省,是中国制陶史上的鼎盛时期。

③ 炎黄时代:《国语·晋语》载:"昔少典氏娶于有蟜氏,生黄帝、炎帝。黄帝以姬水成,炎帝以姜水成。"黄帝和炎帝大约生活于距今5000多年前的中国原始社会后期。他们分别是两个部落的首领,居住在今陕西省境内黄河沿岸的黄土高原,逐渐向东部迁移。二族联合击败南方蚩尤部族。以后相互融合,活跃在黄河流域,是远古华夏族的主要组成部分。炎黄时代标志着中华远古文明草创的阶段。

秦时期,特别是西周①和春秋战国②时期的文化。

农业与祭祀祖先这两件大事对中华原创性文化的产生和发展有重大作用。具体说,黄河流域的粟(小米)作农业成为春秋战国时期齐鲁文化(主要指儒家文化)的物质基础。儒家的原创性文化着重探讨"人"的本质、意义和价值。长江流域的稻作农业成为楚文化,即主要指道家文化的物质基础,着重研究"天道"的本质及其与"人道"的关系。两河(黄河、长江)是中国的两条母亲河,由她们哺育出两大体系的原创性文化(儒、道),构成中华民族传统文化的主流。

在中华文化中,原创性文化是民族文化的最初形态,它在演变发展进程中,有本土不同文化的融合,也有本土和外域文化的会通,源远流长,丰富多彩。

二、"重人事轻天道"的思想

我国古代思想家对"天"的认识,大概始于夏、商时期。从西周

---

① 西周:约公元前11世纪至公元前771年。从周武王灭商朝开始,到公元前771年周幽王被申侯和犬戎所杀为止,共经历11代12王,持续约275年。

② 春秋战国:公元前771年,犬戎杀幽王,西周灭。公元前770年,周平王(宜臼)立,从宗周迁都洛邑(今洛阳),史称东迁以后的周王朝为东周(实际上指前770年至前256年,因东周在前256年灭亡),传25王,历515年。东周分为春秋(前770—前476)和战国(前475—前221)。春秋因孔子删改鲁国史《春秋》而得名,这一阶段,存140余个诸侯国,各国争相称霸,周王还存有名义。战国初期剩下20余国,以后就是七雄之间的兼并战争,直到公元前221年秦统一天下。

时起,"天"的概念有两种不同的含义:一种是天神、天命,一种是自然界的天体,即古文献上说的茫茫苍天。以《周易》的经文为例,其中有些对"天"的理解,是指自然的天体、天象,但多数是关于天命、天神的记载。至于西周时的重要政治文献《尚书》,其中"天命"一词,比比皆是。这种状况到春秋时期才发生变化,出现了重人事轻天道的观点。

思想上的这种变化,首先见于兵家(军事家)的著作。齐国军事家孙武在《孙子兵法》中首次提出天时、地利、人和的理念。(见《始计》)他说的"天时",指阴阳、寒暑、四时等自然现象;"地利"指路途远近、面积大小、形势险易、环境利害等方面;"人和"指得民心、得民力、上下同心同德。《孙子兵法》认为,军事家运用这三个条件,才能取得战争胜利。史书记载,越王勾践的大夫范蠡在政治上和军事上由于兼顾天时、地利、人和三者,才取得成功。

战国中期儒学代表孟子认为,天时、地利与人和这三者缺一不可,而"人和"最为重要。(见《孟子·公孙丑下》)战国时的兵家著作《尉缭子》也认为,"天时不如地利,地利不如人和。"(《尉缭子·战威篇》)战国末道家的《十大经》(古佚书)把知人事作为知天时、地利的中心环节。由此可见,我国古代重人事轻天道的理论来源于战争的实践,又能提到理论的高度予以总结,这不是思想家们空想的产物。

三、老子与"天道自然"理论

先秦时期,深入探讨天人关系,将天道与"自然"联结起来,构筑关于"天道自然"的理论体系,首先要提到老子和《老子》。从《老子》中可以看出,它不但对兵学有研究,而且对农学的知识加以提炼、总结。

有些学者认为,《老子》(《道德经》《老子五千言》)并非老子本人所著,成书于战国时代。三国时魏人王弼为《老子》作注,其注与《老子》文本珠联璧合,都是哲学美文。后人将王弼注本称为《老子》的通行本。20世纪70年代和90年代又发现了《老子》的地下文书——帛书与简文,足见研究老子思想的材料相当丰富。

《老子》五千字,赫然在目的一个理念,就是"道"。其书第一章为老子思想的总纲。"道"是"有"与"无"的统一。"无",名天地之始;"有",名万物之母。什么是"无"？不能照字面解释成什么都没有,"无"指的是空间、空虚。"无"还指"道"体不同于通常的物体,不能说它是圆或方,它具有不确定性。天地万物的最初形态,可称之为"有",由此演变出纷繁复杂的大千世界。

《老子》第二十五章有这样的话:"人法地,地法天,天法道,道法自然。"天、地、人都源于"道",没有神力,没有矫饰,自然而然。"天道"即自然而然的道理,它不争、不言、不骄,没有制物之心,像无形的巨网广大无边,虽然稀疏却没有任何遗漏,将一切都囊括在其中。在《老子》看来,与"天道"自然相反,"人道"显得自私、偏狭、不公。如何改造"人道"？《老子》回答说:"人道"应当效法"天道"自然的本性。

《老子》这样描述"天道"的自然本性:"反者道之动,弱者道之用。"(《老子》第四十章)"反"指向相反的方向运动,而发展到了相反方向以后,还要再向相反的方向发展,直至回到原初的状态。因此,在《老子》思想中,"反"具有转化和返本两种含义。在这个总法则的影响下,《老子》描绘了强与弱、生与死、福与祸、上与下、前与后等相反而相成的画卷。他主张将"天道"的自然特征引入人事,使施政者具备"柔弱""无为"的品格和风貌:淳朴、不自以为是、不固执己见、不扰民,以百姓之心为心。这样,经过"天道"浸润的"人道"才能立于不败之地,达到"道法自然"原初的"和谐"境界,这就是《老子》第四十二章所说的"道生一,一生二,二生三,三生万物。万物负阴而抱阳,冲气以为'和'"。"和谐"在老子思想中也有其他的表述名称,例如称之为"无为而无不为"。"无为"主要指清除独断的意志和专断的行为,含有不妄为的意思,并不是什么都不做。

《老子》在西方被译成多种文字,不过,据学者研究,这些译本能比较准确地反映《老子》思想的很少①。这主要不是文字理解问题,而是因为用西方哲学观点,不论是哪个学派的,去理解老子哲学,很难准确有效;在西方,不论古今都没有类似于中华文化中的"天人之学"。老子所勾勒的理想世界蓝图是万物和谐、各遂性命、充满生机的协调世界,直到今天仍然有着重要的启示价值。

四、先秦时期儒学的"天人之学"

孔子在春秋末期创立儒学时,对"天"做过研究。《论语》中记载了他与弟子们关于"天"的对话。他说:"天何言哉?四时行焉,百物生焉,天何言哉?"(《论语·阳货》)这里用了两个"天何言哉",来强调天是自然,如同四季流转一样,没有神性。由此孔子要人们"不怨天,不尤人,"(《论语·宪问》)要靠人自身的努力。

战国末期有些儒者研究《周易》的论述,保存在《易大传》中,其

---

① 季羡林:《展望比较文学的中国学派》,《季羡林文集》第8卷,江西教育出版社1996年版,第334页。

书基本上属于儒家学派,也吸取了诸子百家,特别是道家的观点。《易大传》有十篇,又名《十翼》,其中《系辞》(上、下)在于发掘《周易》的哲学潜质,文中关于天人关系的论述,对中华文化的演进有较大的影响。

《易大传》记述自然与人事的变化,从阴、阳着眼,说"一阴一阳之谓道""刚柔相推,而生变化。"《易传·系辞上》不像老子那样强调人道效法天道,主张将事物变化的道理运用于社会。《系辞下》云:"穷神知化,德之至也",认为圣贤懂得事物变化的道理,这才是最高的品德。再如《系辞上》:"一阴一阳之谓道。继之者,善也。成之者,性也。"人们在阴阳的相反相成中即可体察到事物运转变化的途径,由此建立行为规范,这才能体现人之所以为人的本性。

《易大传》阐述的变易之理不同于《老子》之处是:《老子》主张柔弱、无为,而《易大传》则强调刚健中正。《乾卦·象传》说:"天行健,君子以自强不息。""健",永不中断,永远为此,具有不知疲倦的刚毅精神。不过,《易大传》在主要强调刚健的同时,并没有否定柔弱的作用,主张刚柔相济,二者相互为用。在古代哲人看来,君子的自强不息并非只是表现于一时一地,应当贯穿于他们的整个生命历程。这种精神,孔子用"松柏后凋"(《论语·子罕》)做过譬喻,后又演变为愚公移山的故事。(《列子·汤问》)

《周易》讲天、地、人三才之道的统一,《易大传》加以发挥,提出"生生之谓易",人们以此指导践行,除旧更新。又要人们笃信天地为万物之母、生养之源,应当加以礼敬,不可毁坏。由此可见,中华文化中早就包含有朴素的生态平衡思想,这是符合事实的。

五、天人"相分""相合"的理论及其价值

在很长的时间里,一提到天人关系,有学者说"天人合一"是它的最恰当的文字表述。这个看法,值得商榷。"天人合一"见于西汉时期春秋公羊学派经学大师董仲舒。他是"罢黜百家,独尊儒术"的倡导者。在其著作《春秋繁露·深察名号》中论说了"天人之际,合而为一"。按其思想体系,这种提法其实是"天人感应"论的一种表述,以为天、人之间存在着一种神秘的联系,天主宰人事,人的行为也能感动天,这明显带有天命决定论的色彩。

在董仲舒之前的战国末期,荀子提出的"天人之学"认为,在天、人合一之前先要有天人相分的观点,这和天命决定论大异其趣,将古代的"天人之学"推进到一个新的高峰。

荀子,名况,字卿,亦称孙卿子,赵国人。早年到过齐国。公元前266年应秦昭王聘请到秦国①。秦国民风淳朴、政治清明给他留下深刻的印象。公元前255年,再次入楚,被楚相春申君用为兰陵(今山东峄城区)令。春申君死后被免官,荀子住在兰陵,以授徒为业,著《荀子》一书。

荀子生活的时期约在公元前298年至前238年,当时中原各国的统一已成为历史的主题。他涉猎百家之学,曾在齐国主持过稷下

---

① 秦人属于嬴姓部族,是少昊氏之后,华夏族西迁的一支。前770年,秦襄公护送周平王东迁有功,被封诸侯,秦始建为诸侯国。战国初期秦是较弱的国家,前361年用商鞅变法逐渐强大。前316年灭蜀,从此跃身大国行列。前246年秦始皇帝登基,前238年御政,开始兼并六国。前221年最后灭齐国,统一中国。

学宫(担任"祭酒"),在这里他与百家之学的思想家们进行切磋,使他的视野更加开阔,思想更有深度。

荀子本着孔子的思路,寻求"和"而否定"同"。"和"是多样性的统一,建立在事物相互区别的基础上,而"同"则是排除矛盾的一致,是没有生命力的单一。荀子探讨"天人之学"的名篇《天论》,把这个道理阐发得深刻而清晰。他写道:"天行有常,不为尧存,不为桀亡。应之以治则吉,应之以乱则凶。"认为天有常规,不受人的意愿支配。顺应天(自然)的法则,人们将从天那里取得养生之资,如粮食等。如果人们违反天的法则,将受到它的惩罚。荀子在《天论》中写下一大段关于加强农业生产的文字:"强本而节用,则天不能贫。养备而动时,则天不能病。修(循)道而不贰,则天不能祸。"他认为人们抓住农业这个根本,厉行节约,天就不能使人贫困;有充分的养生之资,人按照季节进行农事,天就不能使人困苦;遵循农业生产本身的法则而行动,天也不能使人遭到祸患。可见,人在自然面前不是完全无能为力的。他又说:"错人而思天,则失万物之情。"如果看不到人的作用,只是企求天的恩赐,就和天人关系的真实情况相背离。基于上述分析,荀子的结论是:"故明于天人之分,则可谓至人矣。"

荀子"天人相分"的观点,在中华思想文化史上揭开新的一页,阐述了一个客观真理:当人从自然界分离出来,成为与自然相对的认识主体的时候(也就是认识到天人相分),人才有可能成为有智慧的人,而不是一般意义上的人;这不是自然的奴隶,而是能认识并按照自然法则去行动的人;荀子称这样的人为"至人",用今天的话讲就是"真正的人"。

强调"人"的地位与作用,这是中华文化及其理论的特色之一。

中华文化以"人"为核心,进行探索,才在"天人之学"(探讨什么是天?什么是人?人与天有何关系?)、"变易之学"(探讨世界万物变化的道理)、"为人之学"(人的道德伦理标准)、"会通之学"(博采众家之长的文化胸怀)方面构筑了内容丰富的理论体系。在这方面,荀子的"天人相分"论做出了重要的贡献。

荀子在《天论》中着重论述了天人相分,就是看到天和人各自的特点,呈现于人面前的是千姿百态的自然世界,不是一个色彩、一种声音的单调死板的存在。在异中求同,达到和而不同。由此,荀子在《天论》中写下这样的话:"万物为道一偏,一物为万物一偏,愚者为一物一偏,而自以为知道,无知也。"在荀子看来,万物只是"道"的一个方面,个别事物是整体的部分,人们往往以偏概全,以部分替代整体,自以为认识了"道",其实并没有达到全面认识的境界。从"分"到"合",从个别到一般,这才是人们认识的正确途径。

荀子关于天人既相分又相合的理论,在中华思想文化史上产生了深远影响,东汉时期的王充,唐代思想家、文学家刘禹锡和柳宗元等都在这个大课题上做出了贡献。中国历史上的宋、元、明、清时期,由于本土和外域文化的对立与融合,产生了新的思想课题,但"天人之学"在这段时期并没有失去它的光泽,只是变换了形式,这将由另文去论述。

六、中国古代"天人之学"与西方哲学不同

中国古代"天人之学"是农业社会长期延续的印记,本文前面所叙,只是其中的若干要点,并不全面。"天人之学"渗透于中国古代的科学技术,从天文历算、中医药学、古地理学、古建筑学中均可看

到它的思想影响。我国古代文学与史学更加离不开"天人之学"的滋养。关于"天人之学"的丰富史料,从古代史学中可以见到。西汉时大史学家司马迁有一句名言:"究天人之际,通古今之变,成一家之言。"(《汉书·司马迁传》)在他看来,只有研究天人之间的关系,才能在学术上有所建树。

中国古代史学不仅记述社会人事变迁,而且比较详尽地记载了自然界的变化及其与社会人事的密切关系。以孔子删定的史书《春秋》为例,其中记载了春秋242年间的重要天象和地理变迁。日食、月食、地震、山崩、星变、水灾、旱灾等,在《春秋》一书中都有所反映。在中国二十四部正史中,十八部正史本来就有"书"或"志",其中有关于天象的天文、律历、五行三志的内容。至于中国古代的地理,与"天人之学"也有密切的关系,不论是自然地理或历史地理,都有关于天象变化与地理学的记载。在中国古代文学中,天人关系始终是一个常见命题。由此可见,"天人之学"也许可以称作是中国古代学术的重要架构。不过,中国古代的神学迷信等往往借用"天人之学"的形式加以宣传,所以在"天人之学"中往往鱼龙混杂,需做仔细分辨。

在西方,却不是这样。古希腊哲学是从探寻自然开始的,前苏格拉底的希腊哲学家包括米利都学派(约前6世纪产生)、毕达哥拉斯[Pythagoras,(约前580—前500年)]、爱利亚学派(约前6世纪产生)、赫拉克利特(Heraclitus,约前535—约前475年)等,对自然现象及其形成的原因进行研究,一般都留下一篇《论自然》的作品。到巴门尼德(Parmenides,约前514—?),他区分了感觉和理性、存在和非存在、本质和表象、真理和意见,由此,希腊哲学的抽象思辨能力大大提升,这是西方哲学最高命题即思维和存在关系问题的起点。

从前5世纪开始,在西方出现了对自然哲学家进行批判的智者学派,他们对人类自身的认识能力有所反思,提出了价值和伦理的问题。由此,希腊哲学转向人的探讨阶段。苏格拉底(Socrates,前469—前399年)提出了什么是人生意义的问题,柏拉图(Plato,约前427—前347年)继承毕达哥拉斯和巴门尼德等的抽象思考方法,用理念(idea)统摄主观和客观,这在很大程度上决定了西方文化往认识论和理念论方面发展的方向。亚里士多德(Aristotle,前384—前322年)完成了最早的学科分类,如:自然哲学、伦理学、政治哲学、美学、逻辑学(他称之为"分析法")、形而上学等,这是西方学术的基本框架。后亚里士多德的希腊哲学和罗马哲学中也没有出现类似中国古代"天人之学"的主题。18世纪德国哲学家康德(Immanuel Kant,1724—1804年)虽然对星空和道德律表示敬畏,可是他并没有思考过二者间是否存在中华文化所理解的那种天人关系,因此,康德哲学不能称之为"天人之学"。至于西方有识之士关注天(自然)与人相互关系的探讨,已经是20世纪中叶以后的事,由于全球性生态环境危机,西方许多著名哲学家才开始注意中国古代"天人之学"的理论及其实践意义。

至于中国古代"天人之学"的方法论问题,中外学者已开始着手研究,笔者在这篇简短的发言稿中不想涉及这个大问题,留待将来撰写专文讨论。

最后,我想说的是,中华文化走向世界,在今天已经不是一个理想,而成为我国学术文化工作者的重大责任之一。让世界了解中华文化,其中最重要的是,准确地向世界介绍中华文化的核心理念,这比介绍具体的文化形态要困难得多。中华文化中的一些核心理念和西方文化并不相同,通过对话与交流,使中西文化相互比较,相互补充,以维护并推进人类文化的多样性;文化多样性是文化得以进步和发展的主要动力,这是一项繁重而必须要做好的工作。笔者在本文中介绍中华文化的"天人之学",也正是出于这样的目的。

2010 年 8 月

论中华文化的"会通"精神*

我有机会到新加坡参加"21世纪中华文化世界论坛",深感荣幸。围绕此次研讨会的主题,我想就中华文化的"会通"融合精神,做一些介绍,请与会的朋友们指正。

一、"会通"一词的来源和使用

"会通"一词正式出现于《易传·系辞上》。原文是:"圣人有以见天下之动,而观其会通,以行其典礼。"现当代学者高亨在《周易大传今注》中说:"此言圣人有以见到天下事物之运动变化,而观察其会合贯通之处,从而推行社会之典章制度。""会通"强调的是融合、创新,而不是冲突、对抗。"会通"精神是我国古代文化的基本精神之一。

两宋之际的史学家郑樵很重视"会通"精神,不过他所强调的会通主要侧重史书编纂体例与原则,旨在裁减史料,会聚古今,通融为一,使史书形成一个有机的整体,从而避免古今悬隔、人事迭出、叙述不当的弊端。

面对西学东渐,最早明确论述文化"会通"主张的是明末学者徐光启(1562—1633年)。他在1631年上呈崇祯皇帝的奏折《历书总

---

* 本文是2010年10月8日在新加坡"21世纪中华文化世界论坛"上的发言稿。发表在《中国文化研究》2011年第2期(夏之卷)。

目表》中陈言:"臣等愚心认为:欲求超胜,必须会通;会通之前,先须翻译。"徐光启对"会通"的用法,源于《易传》,但是属于旧语新用,指的是:中西历法学应该互相取长补短,中国人不应该囿于祖制成法。

二、孔子"和而不同"文化观与"会通"精神

一般来说,中国古代思想比较强调同一性。同一性有两种:一种是否认差异(即矛盾)的同一性,古代称之为"同";另一种主张有差异的同一性,古代称之为"和"。

孔子说:"君子和而不同,小人同而不和。"(《论语·子路》)认为"君子"以"和"为准则,不肯盲从附和,敢于提出自己的主张;"小人"处处盲从附和,不敢提出自己的见解。孔子将"和而不同"的文化观运用于认识论领域,主张"中庸"之道:君子们对于世界的认识和行动不能过头,也不可不及。"中庸"的实质是会通或贯通。孔子认为自己的思想是"一以贯之"的,(见《论语·里仁》)用一个"仁"字将其贯通起来,这不仅指他对于西周礼乐文明的继承,而且有他自己在春秋末期的独立创造。

中国早期儒家学说多处体现出"会通"精神。举一例:《礼记·礼运》(战国末期或秦汉之际儒家学者的著作)中关于"大同"社会的描述,也含有墨家思想的痕迹。例如"选贤与能"就和墨家"尚同"思想相似,"老有所终"一段又相似于《墨子·兼爱中》"老而无子者,有所得终其寿",甚至"大同"这一名称也可能是从墨家"尚同"而来。同时,《礼记·礼运》有些地方也受了《老子》(《道德经》)的影响,如称"大同"世界为"大道之行","大道"是道家的术

语。可以看出,"大同"理想主要源出于儒家,同时也吸收了墨家和道家之长,而非一家之专利,这就是会通精神的体现。

三、中华文化中"会通"的特色

《庄子·天下篇》说过,诸子百家学说,是"道术将为天下裂"之后,各家"多得一察以自好"而形成的主张,这些其实都是真理的某些方面的表现。我国西汉时期大史学家司马迁发挥了这个观点,宣传"天下一致而百虑,同归而殊途。"(《史记·太史公自序》)虽然各家各派立论不同、方式有别,但都是对于真理的探索,有助于人们对自然和社会的认识。

1. 中华文化中"会通"之学的一个重要特点,就在于善于相互讨论、交流,相互吸收、提高,既看到其他学派与自己学派的不同点,又能看到其他学派的长处;既能坚持自己的理论原则,又能纠正自己理论上的不足,使之"与时偕行"。

在我国春秋战国学术思想百家争鸣时期,没有一个论点是不可讨论的,没有不受辩论的权威。道家主张向大自然回归,否定人的主观欲望与知识;儒家荀子批评这种主张是"蔽于天而不知人"。(《荀子·解蔽》)儒家主张仁义道德是天地万物的普遍法则,道家批评这种观点是"无知"。庄子就曾举例说,毛嫱、西施是人见人爱的美女,但鸟见了会高飞而去,鱼见了会沉潜水底,可见人的美感标准不能为鸟类、鱼类认同,如此类推,又怎么能证明仁义道德是世界的普遍法则呢?在不同学派的论辩中,儒家意识到在知人时不可不知天,因而也从理论上提出独特的天道观,对自然天道做了一系列创造性的探索(《荀子·天论》就是这方面的重要成果之一)。而道家在批评儒家过分夸大了人的重要性的同时,也意识到儒家"人学"有长处。在战国中晚期,道家的后学,即所谓秦汉之际的道家,就试图调和道家自然天道观与儒家道德教化方面的矛盾,吸取儒家关于人的认识学说的成果,如《吕氏春秋》一书,就体现会通儒、道思想的特色。

2. 中华文化中"会通"之学的另一个特点是,它不排斥域外的思想文化,而是力求了解它,并吸收它的优长处,以与本土文化相融合。

佛教传入中国,就是明显的例证。中国的佛教寺院为传播教义,经常向僧俗讲解某些佛教经典。在讲解经典时,由担任讲师的佛教高僧介绍经典的主要观点,允许听众提出问题,规定讲师只能加以回答,不能向听众提出反问。此外,佛教界还经常举行无遮大会,允许不同宗派、不同观点的人对大会主持提出的论题进行讨论。这促进了中国佛教中各个派别的发展,也推动了佛教的中国化进程。宋明理学也不回避各种论点的相互讨论,如北宋时理学家程颢和程颐就对当时关中学者张载提出的气与理的关系进行批评,认为张载把"太虚"和"气"视为世界的本原,是用有形的可感的东西代替了无形的不可感的本质,这种批评促进了理学的发展。

3. 中华文化中"会通"精神的再一个特点是,"会通"不是轻易可以达到的,需要有长期艰苦的研究,开拓学术视野,在不同思想观点的论辩中才能逐步达到这个境界。

这里不能不提到唐末五代的书院,经北宋初步建树,至南宋迅猛发展。这种由私人主持的讲学场所,其中不同学术观点的论辩成为它的特征之一。由于此,书院为思想文化的发展提供了智力资源和交流平台。在南宋时期产生朱熹理学学派,会通儒、道、释,以及产生陆象山"心学"学派,至明朝被王守仁(1472—1529年)发扬光大,都有书院这样的历史背景。

朱熹原籍在徽州,后迁居福建,一生活动都在南方。他一生都在为儒家思想寻找活水"源头",正如他在诗里所说:"半亩方塘一鉴开,天光云影共徘徊。问渠那得清如许,为有源头活水来。"为此,朱熹用了将近40年的时间,将"三教"(儒、释、道)会通在以儒家为框架的思想体系里,成为所谓"新儒学",其学术成果主要集中在《四书章句集注》等著作中。

4. 中华文化"会通"还有一个特点,就是要求学人们对"会通"进行具体分析,它有高低优劣之分,不可一概而论。

清朝初年湖南衡阳大学者王夫之(1619—1692年)在其"观生居"住处,曾以"六经责我开生面,七尺从天乞活埋"的诗句题壁,表现了对中华文化继往开来(会通)的宏大气魄。

王夫之对中国历史上主要学派都进行过研究、评论,给后人留下了丰富的文化遗产。在这里举出一个事例来说明王夫之对于学术会通的具体观点。以儒学为例,他说,有儒学与老、庄的会通,有儒与佛的会通,还有儒家与法家的相互为用,对于后者,王夫之这样评论说:"……后世之天下,死于申韩者积焉。"(《姜斋文集》卷一《老庄申韩论》)

王夫之所论"申、韩之儒"是一个比较复杂的问题。申(不害)、韩(非)是战国时期法家代表人物。王夫之在其著作中曾肯定秦遵循法家主张,实行郡县制,同时也指出"秦之所以获罪于万世者,'私'而已矣。"(《读通鉴论》卷一)这是指秦始皇为"一姓"而统治天下,要让自己一家的子孙世代做皇帝,结果二世而亡。王夫之对于"申、韩之儒"的批评,透露出这位思想家开始突破一家一姓的朝廷,把眼界扩展至天下,也就是说,在一定程度上对君主专制制度进行非议,成为近代民主思想的萌芽,这是难能可贵的。由此可看出,王夫之并非对中国历史上所有思想学说的会通都持肯定的态度,对于"申、韩之儒"他是反对的。

还要提到清朝初年的黄宗羲。他的会通思想更加具有时代特色。他在《明夷待访录》一书中说,夏、商、周三代以下是"以君为主,天下为客",君主把天下视为己有,独占天下之利;"为天下之大害者,君而已矣。"黄宗羲的这个命题阐述了"天下"与君主的区别,实际上是对封建社会中"朕即国家"专制思想的抨击。他将这种思想引申至学术方面,认为学术是天下之"公器""公识",其是非并不取决于个人和一家,应当由天下人来讨论,并决定其是非。

从以上分析可以看到中华文化中会通精神的若干特点,这些说明一个事实,即:中华文化的会通精神与创新精神是密切相关的。如果没有会通融合,也不会产生新思想;没有思想上的创新,当然不可能进行学术思想的会通。这个道理渗透在中国学术思想史的全过程中,值得我们深思。

四、结　语

维护并推进人类文化的多样性,这是我们学术工作者和文化工作者的责任。文化的多样性是文化得以进步和发展的主要动力。在 21 世纪,人们可以清楚地看到,世界文化的格局是多元的,这和世界政治经济的多极化相适应,因此,世界范围内的多元文化发展不但符合现实的需要,而且有利于人类社会的可持续发展,也有利于人类精神生态环境的建设。在这个大前提下,世界各个民族的优秀文化才可能得到发展。

我们有机会与世界文化多接触、多研究,这有利于对本国文化的研究。远的不说,只说20世纪80年代,我国刚进入改革开放新时期,人们不能不担心,一旦开放,西方文化是否会给民族文化带来冲击?此种担心是无可非议的。但过了多年,到21世纪再来观察,也许可以得出另一个结论,这就是:对世界文化了解得越多,对本国文化会更加珍惜,在借鉴和研究上会更有深度,更有感情,在将传统与现代结合,在将文化思想精华与古代文化中的糟粕加以剥离上越加科学化。同样,对中国思想文化研究得越深,对世界文化越有鉴别力,越能准确地吸收其优质,以补自身文化的某些不足。

我国古代与东南亚的文化的会通,近现代的进一步交流,不但促进了中华文化的创新发展,而且有利于东南亚的华文教育与华人社会。世界上各种不同形态的文明都是平等的,他们对人类的文明都有贡献,这种贡献只有在交流与会通中才能得到实现。今天在新加坡召开关于文化共生问题的研讨,肯定会进一步推动中华文化与东南亚文化的双向交流,为建设和谐世界、和平共存、平等对话创造更加有利的条件。

祝此次学术研讨会圆满成功!

2010年9月

张载及其理学思想[*]

---

[*] 本部分为《宋明理学史》第三章《张载的理学思想》。侯外庐、邱汉生、张岂之主编《宋明理学史》(上、下)(人民出版社 1984、1987 年版),修订版由西北大学出版社 2018 年出版。文字有改动。

张载生平与关学

张载是理学的主要奠基者之一,在理学史中占有重要地位,他的学说对理学思想体系的建立有重大影响。

张载以后的理学家和历代治国者,都对他十分推崇。程颢和程颐把他与孟子、韩愈相比,朱熹对他做了相当高的评价。朱熹的《伊洛渊源录》是一部早期的理学史,其中便把张载与周(敦颐)、邵(雍)、二程并列;《近思录》亦选入了张载的许多言论。历代统治者给张载很高的荣誉,宋理宗封他为眉伯,"从祀孔子庙庭"。元代赵复立周敦颐祠,便以张载与程、朱等配食。《宋史·道学传》亦收入张载传。明清二代,张载的著作,一直被统治者视为理学的代表著作,作为开科取士的必读书目,并先后编入御纂的《性理大全》和《性理精义》。这说明张载是著名的理学家。

张载(公元1020—1077年)字子厚,祖上为大梁(今河南开封)人,出生于仕宦之家。祖父复,仕真宗朝,任给事中、集贤院学士等职,后赠司空。父迪,仕仁宗朝,官至殿中丞、知涪州事,赠尚书都官郎中。张迪卒于涪州任上,时诸子皆幼,不能归里,遂侨居凤翔眉县横渠镇(今陕西眉县横渠镇)南大振谷口。故人称张横渠。

张载成熟较早,少时无所不学,尤喜谈兵,常与邻人焦寅游,议论用兵之道。当时,西北部的西夏国势逐渐强盛,常常骚扰北宋的边界地区。朝廷为了抵御和防范西夏的侵扰,康定元年(公元1040年),遣范仲淹任陕西经略安抚副使,兼知延州,主持西北地区军务。

时张载二十一岁,准备联络一些人攻取被西夏占领的洮西之地,以博取功名,遂上书范仲淹。范仲淹认为此人可成大器,便引导说:"儒者自有名教可乐,何事于兵?"勉励他读《中庸》,学儒家之学。张载读完《中庸》,仍未感到满足,于是读释、老之书,研究几年后,自认为无甚收获,便又回到儒家经典上来,开始研读六经。嘉祐初年,在京师讲《易》。《宋史》本传说他讲《易》时尝坐虎皮,适值二程至京,与论《易》。载自叹不如,遂撤虎皮坐辍讲,对听者云:"比见二程深明《易》道,吾所弗及,汝辈可师之"。此事恐有后人添枝加叶的成分,但张载与二程过从甚密,由此可见。张载这次又与二程讨论了"道学"的宗旨,他非常自信地认为,"吾道自足,何事旁求!"于是尽弃异学,专心致志地研究儒家学说。

张载以其才学出众,在关中颇有名声。文彦博任长安通判时,听说他"名行之美",便"聘以束帛,延之学宫,异其礼际,士子矜式焉。"(吕大临《横渠先生行状》,以下简称《行状》)

嘉祐二年(公元1057年),登进士第,始授祁州司法参军,后又迁丹州云岩县令。政事以"敦本善俗"为先,积极用儒家学说施行教化。每到月吉之时,常常设酒食召集乡人高年者会于县庭,亲为劝酬,问民之疾苦,并告以如何训诫子弟,等等,使人知养老事长之义。此后又迁著作佐郎,签书渭州军事判官公事。在渭州深得渭帅蔡子正礼遇,军府之政,无论大小,都要向他请教。他曾说服蔡子正在霜旱之年取军储数十万救济灾民,还建议罢黜戍兵换防,招募士人代之。熙宁二年(公元1069年),御史中丞吕公著向宋神宗推荐张载,说他"学有本原,四方学者皆宗之"。神宗召见张载,问治世之道,张载对曰:"为政不法三代者,终苟道也。"神宗准备重用他,张载却说自己自外官赴召入朝,不知朝廷新政怎样,愿等待一段时间,神宗表示同意,授崇文院校书。不久,见当时辅佐天子推行新法的执政王安石,王安石向他询问对新政的看法,张载含蓄地说:"朝廷将大有为,天下之士愿与下风。若与人为善,则孰敢不尽?如教玉人追琢,则人亦故有不能。"表示自有主张,不愿苟同。与王安石语多不合,逐渐引起王安石的反感。王安石便借处治明州苗振一案,将张载调出朝廷。熙宁三年(公元1070年),狱成,还朝。这时张载弟张戬(时为监察御史里行)亦因对变法持反对态度,屡次上书论王安石乱法,得罪执政,被贬为司竹(今周至司竹镇)监。张载深感不安,遂辞职回乡。

在隐居横渠期间,张载仔细研读六经,写下大量著作,逐渐形成自己完整的思想体系。他还广招门徒,传授自己的学说。横渠镇地处关中,张载家境亦不富裕,仅有薄田数百亩以供生计,但张载却乐得其所。《行状》说他"终日危坐一室,左右简编,俯而读,仰而思,有得则识之,或中夜起坐,取烛以书。其志道精思,未始须臾息,亦未尝须臾忘也。学者有问,多告以知礼成性变化气质之道,学必如圣人而后已,闻者莫不动心有进。"大有颜回身居陋巷,一箪食,一瓢饮,苦学不倦,乐而忘忧的精神。熙宁九年(公元1076年)秋,张载收集自己一生言论,选其精华,著成《正蒙》一书,传给门人苏昞,说:"此书予历年致思之所得,其言殆于前圣合与!大要发端示人而已,其触类广之,则吾将有待于学者。正如老木之株,枝别固多,所少者润泽华叶尔。"(《行状》)苏昞依《论语》《孟子》体例,为之编定章次,共为十七篇。

张载非常注重倡导和恢复古代儒家的礼仪制度。他首先使自己的言行举止符合礼仪规范,对弟子,教之以洒扫应对,携老抚幼之礼;对未嫁之女,也让她亲自参加祭祀,熟悉一些日常的礼仪规则。

最突出的是在丧葬家祭方面恢复古礼。据《行状》记载：

> 近世丧祭无法，丧惟致隆三年，自期以下，未始有衰麻之变；祭先之礼，一用流俗节序，燕亵不严。先生继遭期功之丧，始治丧服，轻重如礼。家祭始行四时之荐，曲尽诚洁。闻者始或疑笑，终乃信而从之，一变从古者甚众，皆先生倡之。

据说由于张载的提倡，关中风俗为之一变。张载亦谓："关中学者用礼渐成俗。"(《张子语录·后录上》)

熙宁九年(公元1076年)，吕大防向朝廷推荐张载，乃诏之入朝。张载有病在身，但他说："吾是行也，不敢以疾辞，庶几有遇焉。"遂带病入京，授知太常礼院。在礼院任职时，有人向朝廷建议实行婚冠丧祭之礼，诏下礼官，礼官以古今异俗为由，拒不实行，独张载坚持可行，斥责反对者的作为"非儒生博士所宜"。张载发现郊庙之礼不严，亟欲正之，但无人附和。不久，身患疾病，乃辞官告归。路过洛阳时，会见了二程兄弟。行至临潼病逝，终年五十八岁。

张载政治上常常"慨然有意三代之治，望道而欲见"。声称"如有用我者，举而措之尔"。张载致力于三代之治，在当时是有影响的。吕大防说："张载之学，善法圣人之遗意，其术略可措之以复古。"(《行状》)司马光说："窃惟子厚平生用心，欲率今世之人，复三代之礼者也，汉魏以下盖不足法。"(《司马光论谥书》，见《张载集·附录》)张载对于北宋时期的社会矛盾和民族危机也很关注。他主张"学贵以有用"，重在解决现实社会问题。他的主张，大多是借鉴《周礼》，他对秦以后的中央集权制很不满意，主张恢复西周的分封制。他说：

> 所以必要封建者，天下之事，分得简则治之精，不简则

不精，故圣人必以天下分之于人，则事无不治者。圣人立法，必计后世子孙，使周公当轴，虽揽天下之政，治之必精，后世安得如此！且为天下者，奚为纷纷必亲天下之事？今便封建，不肖者复逐之，有何害？岂有以天下之势不能正一百里之国，使诸侯得以交结以乱天下！自非朝廷大不能治，安得如此？而后世乃谓秦不封建为得策，此不知圣人之意也。（《经学理窟·周礼》）

与此相应，他提出恢复以宗子为轴心的古代宗法制度，强调宗法制对于稳定封建政治制度的重要性和必要性。在中国封建社会，商、周时期用以区别等级贵贱秩序，维系天子、诸侯、卿大夫世代相传的政治特权的宗法制，作为一种政治制度，已经为封建官僚制所取代。但宗法制仍有所保留，如帝王的宗子继承制等。魏晋时期，世族门阀地主的势力比较强大，豪门之家往往设立谱牒，标明自己的世系，以与庶族寒门地主相区别，借以保持自己高贵的门第。唐代以后，随着土地占有形式和赋税制的变化，一大批拥有众多土地的庶族地主提高了社会地位，跻身于上层社会，并且活跃于政治舞台，而世族豪门随着经济上的衰落，在政治上也衰落下去。政治势力出现了新的分化，统治阶级进行了等级制度的再编制，于是维系世族豪门社会地位的宗法制也渐渐地废除了。张载敏锐地看出宗法制度的废除对于封建政治制度的危害。他说：

管摄天下人心，收宗族，厚风俗，使人不忘本，须是明谱系世族与立宗子法。宗法不立，则人不知统系来处。古人亦鲜有不知来处者。宗子法废，后世尚谱牒，犹有遗风。谱牒又废，人家不知来处，无百年之家，骨肉无统，虽至亲，恩亦薄。宗子之法不立，则朝廷无世臣。且如公卿一日崛起于贫贱之中以至公相，宗法不立，既死遂族散，其家不传。宗法若立，则人人各知来处，朝廷大有所益。或问："朝廷何所益"？公卿各保其家，忠义岂有不立？忠义既立，朝廷之本岂有不固？今骤得富贵者，止能为三四十年之计，造宅一区及其所有，既死则众子分裂，未几荡尽，则家遂不存，如此则家且不能保，又安能保国家！（《经学理窟·宗法》）

在经济方面，他针对当时土地兼并问题，提出"均平"的主张，但实现"均平"的具体途径，却是按照《周礼》的规定，实行井田制度，"论治人先务，未始不以经界为急。"（《行状》）"治天下不由井地，终无由得平。"（《经学理窟·周礼》）这种途径是想通过"夺富人之田"，即夺取一部分占地过多的地主的田地，匀给地少的农民。他说：

> 仁政必自经界始，贫富不均，教养无法，虽欲言治，皆苟而已。世之病难行者，未始不以亟夺富人之田为辞，然兹法之行，悦之者众，苟处之有术，期以数年，不刑一人而可复，所病者特上未之行尔。（《行状》）

他认为，井田制必须与分封制联系起来，即使当时不能恢复分封制，也必须使知州、知县等地方官任职终身，井田制才能推行。井田制在当时纵然不能行之天下，亦可一乡一村地试行。他果然买田一方，划为数井，分给宅里，对国家照常缴纳赋税，对农民则规定了新的租税制度，想通过这种办法增加储蓄，兴办学校，救灾恤患，敦本抑末，进行他理想的社会图景的试验。

对军事问题，张载一直很关注。北宋王朝面对辽和西夏的侵扰，一味地妥协投降。宋朝的军队虽然人数众多，却十分涣散，缺乏战斗力,将帅也没有多少权力,常常兵不知将,将不知兵,因而无法抵御外侮。张载对此十分忧虑。他写了《边议》一文,讨论守城、积蓄、择帅、用将、养兵等问题,并提出在边地城池实行族间邻里之法,使百姓"乐群以相聚,协力以相资,听其依山林,据险阻,自为免患之计"。在渭南时,与渭帅蔡子正谋划边事。《文集》中有《与蔡帅边事画一》一篇,记有张载提出的对付西夏的诸种方案。

张载的言行举止,处处都表现出古代儒者的风度。他时刻以儒家的行为规范要求自己,举止言谈,给人以"气质刚毅,德盛貌严"之感;生活上粗食陋居,乐且不忧;为政注重尊老抚幼,救灾济贫。他投身仕途仅仅是为了推行自己的政治主张,一旦不能如愿,便知难而退,并不想在仕途上步步高升。

张载一生著述很多,据朱熹《近思录》、晁公武《郡斋读书志》、赵希弁《郡斋读书志附志》及《后志》、陈振孙《直斋书录解题》等记载,有《西铭》《东铭》《正蒙》《易说》《理窟》《礼乐说》《论语说》《孟子说》《信闻记》《横渠孟子解》《崇文集》《语录》《祭礼》《文集》等。这些著作,有的在宋代以后就亡佚了。明万历年间,沈自彰遍搜张载著作,合为《张子全书》付梓,其中仅收有《西铭》《东铭》《正蒙》《理窟》《易说》和明吕柟在嘉靖五年(公元1526年)编著的《张子抄释》中的《语录抄》《文集抄》。中华书局1978年出版的《张载集》,收集了迄今所有保存下来的张载著述,并根据各种版本做了校订、补遗。这部集子收有《正蒙》(《西铭》《东铭》并入《正蒙·乾称篇》)、《横渠易说》《经学理窟》《张子语录》《后录》《文集佚存》《拾遗》等,是目前张载著作最好的版本。张载的代表作《正蒙》有许多注本,主要有朱熹注的《西铭》《正蒙》,王夫之《张子正蒙注》,王植《正蒙初义》(乾隆刊本),明刘玑《正蒙会稿》(明刊本),高攀龙、徐必达《正蒙释》(明刊本),清李光地《正蒙注》(康熙刊本),杨方达《正蒙集说》(雍正刊本),李元春《张子释要》(清道光刻本)等。

张载的思想,在关中地区影响很大,从学者甚众,一时门生云集,颇有声势,以他为中心,形成了理学史上最大的四个学派之一——关学学派。关学的阵容很大,据《宋元学案》的《横渠学案》《吕范诸儒学案》和冯从吾《关学编》、张骥《关学宗传》的记载,张载的主要门生有吕大忠、吕大钧、吕大临三兄弟,以及苏昞、范育、薛昌朝等,受学于张载的还有种师道、游师雄、潘拯、李复、田腴、邵彦明、张舜民等。曾经学习张载学说的有晁说之(《宋元学案·景迂学案》:晁说之"其在关中,留心横渠之学")和蔡发。

关学是否有所宗传,历来有几种说法。

二程门人杨时在《跋横渠先生及康节先生人贵有精神诗》中云:

> 横渠之学,其源出于程氏,而关中诸生尊其书,欲自为一家。故余录此简以示学者,使知横渠虽细务必资于二程,则其他故可知已。(《杨龟山集》卷五)

这种说法并不符合事实,二程也不这样认为。吕大临作《行状》时,曾写上张载于京师见二程后,"尽弃其学而学焉"。程颐指出:"表叔平生议论,谓颐兄弟有同处则可;若谓学于颐兄弟,则无是事"。嘱咐吕大临删去(见《程氏外书》卷十一)。这种说法在程氏其他弟子的言论中也屡见,显然是程门弟子为了抬高其老师的地位才这样讲的。综观张、程的思想,也很难看出张载对于前者的因袭之处。

另一种说法,张载出自高平之门,此说见黄宗羲、全祖望《宋元学案》。该书《序录》说:"高平一生粹然无疵,而导横渠以入圣人之室,尤为有功。"在《高平学案》里,他把张载列入"高平门人"。细察此说由来,原是根据《行状》和《宋史》本传记载范仲淹劝张载读《中庸》一事。据《宋史·范仲淹传》说,范仲淹"少有志操,既长,知其世家,乃感泣辞母,去之应天府,依戚同文学,昼夜不息。"范仲淹举进士前,一直从戚同文学,应该是戚同文的弟子,而张载又经范仲淹指点,所以说张载之学出于高平之门。不过,此说颇为牵强。范仲淹之所以劝张载读《中庸》,是因为他看到张载能够在学术上有所发展,不愿让他投身军事。范仲淹的指点,对张载在学术上的发展无疑有很大作用,但这并不能说明张载便是范门弟子,因为范仲淹未收其为门徒,张载也未从其学。

北宋时期,在张载之先,还有侯可、申颜两位学者,被认为"实开横渠之先。"(《宋元学案·序录》)但侯、申二人在学术上无甚建树,张载也与二人无师承关系,所以严格地说,此二人亦不应作为关学之先。

关学没有渊源,张载也无师承。张载的学说是他经过几十年的探索,自己体会出来的。正如朱熹所说:"横渠之学,是苦心得之""学者少有能如横渠辈用功者。近看得横渠用功最亲切,直是可畏。"(《宋元学案·横渠学案下》)张载自己也强调"学贵心悟,守旧无功",(《经学理窟·义理》)认为自己的学说是得之于"心"。

关学与理学其他学派相比,有鲜明的特点。

关学的第一个特点,是"学贵致用"。这种精神主要表现在对封建、宗法、军事、井田等问题的研究上,已如前述。然而关学的政治、经济主张,均来自儒家经典,不能实用,所以未免显得迂阔。

关学的第二个特点,是恪守儒学,躬行礼教。关学的学说是从儒家经典出发的,对于佛、道二教,则站在儒家的立场上,采取排斥态度,关学学者也以捍卫儒术,反对释、老自任。范育《正蒙序》说:

自孔孟没,学绝道丧千有余年,处士横议,异端间作,

> 若浮屠老子之书,天下共传,与六经并行。而其徒侈其说,以为大道精微之理,儒家之所不能谈,必取吾书为正。世之儒者亦自许曰:"吾之六经未尝语也,孔孟未尝及也",从而信其书,宗其道,天下靡然同风,无敢置疑于其间,况能奋一朝之辩,而与之较是非曲直乎哉!子张子独以命世之宏才,旷古之绝识,参之以博闻强记之学,质之以稽天穷地之思,与尧、舜、孔、孟合德乎数千载之间。闵乎道之不明,斯人之迷且病,天下之理泯然其将灭也,故为此言与浮屠老子辩,夫岂好异乎哉?盖不得已也。

关学不仅公开声明与佛、道对立,而且在理论上也批评佛、道二氏的许多观点,不像二程那样,仅仅从伦理观念上反佛反道,却在理论上吸取了许多佛、道的东西。当然,由于时代的影响,关学也不可避免地受到佛、道思想的影响,但比起二程来,就相差甚远了。

张载逝世后,关学出现了分化,一部分人依傍二程,归依洛学。三吕、苏昞、潘拯等张载的主要弟子,都成了二程的得意门生,吕大临做了程氏门下的"四先生"之一,关学从此衰落。虽然李复、游师雄等仍继续其传,但此后关学再没有出现较有影响的思想家。

张载的本体论

理学最根本的问题,就是本体论问题,理学家们都是从这里入手,建立自己理学思想体系的。

张载重视探讨世界本源问题,在这方面做了大量深入的论述。他熟读《六经》,谙熟古代儒家学说。他认识到,古代儒学以人格神为最高范畴的本体论,已经远远不能满足统治者理论上的需要,因而企图建立一个博大精深的本体论以补充儒学在这方面的不足。同中国古代许多学者一样,张载也是通过注疏经典阐发自己观点的。在"六经"中,他着重研习《周易》一书。《周易》经文古奥玄妙、晦涩难懂,正适合借题发挥。张载写出了解释《周易》经传的《易说》。他的本体论、认识论和道德论的基本轮廓,在《易说》中得到阐发。本体论中许多概念、范畴,都来自《周易》,可以说,《周易》是张载思想的起脚点。张载在几十年的治学过程中,又对《易说》的观点做了补充、发展。《正蒙》一书,集一生言论精华,代表着张载最后定型的思想,其中主要观点,许多便来自《易说》。研究张载的本体论,应注意其每一观点从《易说》到《正蒙》的发展过程。

张载本体论的基本观点是把"气"作为宇宙的本体。他最早在《易说》中提出这一范畴,似乎这个"气"是他从《周易》经义中体会出来的。《易·系辞上》:"仰以观于天文,俯以察于地理,是故知幽明之故;原始反终,故知死生之说。"这段话本是讲"幽明""死生"问题,并没有提到"气",张载解释道:

>天文地理，皆因明而知之，非明则皆幽也，此所以知幽明之故。万物相见乎离，非离不相见也。见者由明，而不见者非无物也，乃是天之至处。（《易说》）

所谓"离"，也是《周易》的术语。《易·说卦》："离也者，明也，万物皆相见，南方之卦也。"张载的意思是，看得见之物为"明"，看不见之物为"幽"，但"幽"并不是虚无，而是天的至深之处。于是，世界被分为两个部分：一部分是看得见的万物，一部分是看不见的"天之至处"。这两部分是怎样构成的呢？为了回答这个问题，他引入了"气"的概念：

>气聚则离明得施而有形，气不聚则离明不得施而无形。方其聚也，安得不谓之客？方其散也，安得遽谓之无？故圣人仰观俯察，但云"知幽明之故"，不云"知有无之故"。（《易说》）

他认为，世界是由一种物质形态的"气"构成的，"气"有两种存在形式：一种是凝聚的状态，一种是消散的状态。聚则为万物，通过光色显现出物的形体，使人能够看得见；散则为虚空，无光无色，人不得而见。所以世界只存在"幽明"之分，不存在有无之别。

为了表明"气"消散的状态，张载又引入另一个概念——太虚。"太虚"一词见于《内经·天元纪大论》："太虚寥廓，肇基化元。"张载在《易说》和《正蒙》中，详细地讨论了"太虚"与"气"的关系：

>太虚者，气之体。（《易说·系辞上》）

>太虚无形，气之本体，其聚其散，变化之客形尔。（《正蒙·太和篇》）

>气之为物，散入无形，适得吾体，聚为有象，不失吾常。（《正蒙·太和篇》）

> 太虚不能无气,气不能不聚而为万物,万物不能不散而为太虚。(《正蒙·太和篇》)
>
> 知虚空即气,则有无、隐显、神化、性命,通一无二,顾聚散、出入、形不形,能推本所从来,则深于《易》者也。(《正蒙·太和篇》)
>
> 散则万殊,人莫知其一也;合则混然,人不见其殊也。形聚为物,形溃反原。(《易说·系辞下》)

世界上一切有形的物体和无形的虚空,均属于"气"的范畴,均为"气"的不同表现,常以聚散、出入(产生与消亡)、形不形(有形与无形)的形式存在。"太虚"是"气"散的状态,也是"气"的"本体",即本来的、原始的存在状态。万物散入"太虚",便恢复了它们本来的状态;"太虚"聚为万物,仍不改变"气"的本质。"气"则是"太虚"与万物的总和,是客观世界的总称。这一思想也见于张载其他著作。《张子语录中》:"万物取足于太虚""天地之道无非以至虚为实,人于虚中出其实。"宇宙间只有虚实之分,太虚为虚,万物则是由虚空中产生出来的实体。

张载还说:"气之聚散于太虚,如冰凝释于水,知虚空即气,则无无。"(《正蒙·太和篇》)"气"的任何一种形态,都包含在"太虚"之中,聚散的变化,均不能超脱"太虚","气"在"太虚"中的聚散,就像冰在水中凝结、融化一样。这样就夸大了"太虚"的空间范围,使之与宇宙基本相同。他这样做,是为了强调"太虚"这个"气"之"本体"的作用。他把一切有形的物体,都看作从这一"本体"中派生出来的暂时的、易变的形态,就像冰产生于水一样,冰随时消融,而水则常在。因而他称"气"聚为万物的现象为"变化之客形";所谓"客",就是指派生的、暂时的东西。在宇宙的统一体中,"太虚"占

有主导地位,万物只是"太虚"的附属物,两者有尊卑、主客之分:

> 太虚为清,清则无碍,无碍故神;反清为浊,浊则碍,碍则形。(《易说·系辞下》)

> 浮而上者阳之清,降而下者阴之浊,其感通聚结,为风雨,为雪霜。万品之流形,山川之融结,糟粕煨烬,无非教也。(《易说·系辞下》)

> 天地法象,皆神化之糟粕尔。(《易说·系辞下》)

> 万物形色,神之糟粕。(《易说·系辞下》)

"太虚"俨然是一个至高无上、清明无杂的绝对境界,万物法象皆是气凝聚下落的糟粕,污浊不堪,地位低下。张载之所以对宇宙有这样的认识,与其天体观是分不开的。

张载对当时的自然科学知识十分重视。他研究了天文、地理、历算、生物等多方面的成果,并运用这些知识认识宇宙现象。他吸取了中国古代天体论中浑天说与宣夜说两种学说,创立了自己独特的天体观。他说:

> 天包载万物于内。(《正蒙·乾称篇》)

> 地纯阴凝聚于中,天浮阳运旋于外,此天地之常体也。恒星不动,纯系乎天,与浮阳运旋而不穷者也。日月五星逆天而行,并包乎地者也。地在气中,虽顺天左旋,其所系辰象随之,稍迟则反移徙而右尔;间有缓速不齐者,七政之性殊也。月阴精,反乎阳者也,故其右行最速;日为阳精,然其质本阴,故其右行虽缓,亦不纯系乎天如恒星不动。……恒星所以为昼夜者,直以地气乘机左旋于中,故使恒星河汉因北为南,日月因天隐见。太虚无体,则无以验其迁动于外也。(《正蒙·参两篇》)

凝聚的大地处在天的中央,飘浮着的天挟着日月星辰运转于地的周围,把地紧紧地裹在中间。天与太虚有同样的性质和状态,所以"由太虚有天之名",(《正蒙·太和篇》)太虚实际上就是广袤无际、晶莹剔透的天空。地乃"凝聚不散之物",(《正蒙·参两篇》)万物在大地中生长繁殖,正是所谓"气之糟粕"。太虚清通,万物浑浊,无形有形截然分明,恰与天地对立吻合。显而易见,天地之分就是气之聚散的区别。《周易·系辞上》:"天尊地卑,乾坤定矣。"天尊地卑,是宇宙间的绝对法则,太虚尊贵,万物卑下之论,即由此而来。

太虚(天)不但处于至高无上的地位,而且还不停地运动变化着,"气坱然太虚,升降飞扬,未尝止息。《易》所谓'氤',庄生所谓'生物以息相吹','野马'者与!"(《易说·系辞下》)"游气纷扰,合而成质者,生人物之万殊。"(《正蒙·太和篇》)由于这种变化,万物才产生出来。这种微妙的变化,不以人的意志为转移,看起来是神秘的、不可思议的,所以谓之"神":

> 物虽是实,本自虚来,故谓之神。(《易说·系辞上》)

> 凡可状,皆有也;凡有,皆象也;凡象,皆气也。气之性本虚而神,则神与性乃气所固有。(《正蒙·乾称篇》)

> 神者,太虚妙应之目。凡天地法象,皆神化之糟粕尔。(《正蒙·太和篇》)

> 天之不测谓神。(《正蒙·天道篇》)

> 《易》言"感而遂通"者,盖语神也。虽指暴者谓之神,然暴亦固有渐,是亦化也。(《易说·系辞上》)

> 大率天之为德,虚而善应,其应非思虑聪明可求,故谓之神。(《易说·系辞下》)

"神"即指太虚(天)产生万物的功能。"气……屈伸相感之无穷,故神之应也无穷;其散无数,故神之应也无数。"(《正蒙·乾称篇》)只要有"气"的存在和变化,"神"的功能就会显现出来。"神"是宇宙运行推移,万物发展变化的根本动力:

惟神为能变化,以其一天下之动也。(《易说·系辞上》)

神则主乎动,故天下之动,皆神为之也。(《易说·系辞上》)

神不怒而威。(《正蒙·天道篇》)

成吾身者,天之神也。(《正蒙·大心篇》)

虚明照鉴,神之明也。(《正蒙·神化篇》)

"神"不但具有产生万物的作用,而且还能支配人的命运,并有洞察一切的能力。张载还进一步把"神"神秘化:"神不可致思,圣位天德不可知谓神,故神也者,圣而不可知。"(《正蒙·神化篇》)使之成为不可认识、捉摸不定的神秘力量。有时他也说"天,神也""清通不可象为神""清极则神",但这也只是在强调天的神幻莫测的性能时所讲的,并非把天与"神"完全等同。值得注意的是,"神"虽然具有精神性的因素,但仍然是"太虚"的属性,而不是脱离"太虚"独立存在的高度抽象的精神本体。

"太虚"怎样在"神"的作用下变化运行,化生万物呢?张载说:"气之本虚则湛一无形,感而生则聚而有象。"(《正蒙·太和篇》)"气"从无形的本体状态聚为有形的万物,要经过"感"的环节。"感"一词出于《周易》。《易·咸卦》:"天地感而万物化生"。张载认为:

二端故有感,本一故能合。(《正蒙·乾称篇》)

有两则有感,然天之感有何思虑?莫非自然。(《易说

·上经·观》)

感之道不一：或以同而感……或以异而应……或以相悦而感，或以相畏而感。……感如影响，无复先后，有动必感。(《易说·下经·咸》)

无所不感者，虚也；感即合也，咸也。以万物本一，故一能合异；以其能合异，故谓之感；若非有异则无合。(《正蒙·乾称篇》)

天大无外，其为感者，絪缊二端而已。物物所以相感者，利用出入，莫知其乡，一万物之妙者欤。(《易说·系辞下》)

"感"即感应，指对立双方在运动变化时的相互吸引与排斥。因为有"感"，万物才能产生，各种不同的物质形态才能相互作用，共同存在。"感"使天地万物和谐地统一起来。天地万物之间之所以存在着相互感应的现象，是因为宇宙本身，即由两个相互对立又相互统一的方面——太虚与万物组成，世间万物，也无一不存在对立的双方，这叫作"一物两体"。他说：

一物而两体者，其太极之谓欤。(《易说·说卦》)

地所以两，分刚柔男女而效之，法也；天所以参，一太极两仪而象之，性也。(《易说·说卦》)

一物两体者，气也。一故神（两在故不测——张载自注），两故化（推行于一——张载自注），此天之所以参也。(《易说·说卦》)

参天两地，此但天地之质也。(《易说·系辞上》)

张载关于"一物两体"的学说，阐明了宇宙万物的矛盾现象，也说明事物包含着对立的方面，它们是相互依赖的。他讲的"参天"，

并非指天由三个部分组成,而是借此表明天包含着矛盾双方这一基本特性。他对于"一"和"两"的关系,做了很好的概括:

> 两不立则一不可见,一不可见则两之用息。两体者,虚实也,动静也,聚散也,清浊也,其究一而已。有两则有一,是太极也。若一则有两,有两亦一在,无两亦一在。然无两安用一?不以太极,空虚而已,非天参也。(《易说·说卦》)

一物内部如果没有对立的双方共存,就没有此物本身。矛盾双方必须存在于一个统一物中。"一"与"两"的关系,即一般与个别的关系,普遍与具体的关系。这种思想,是从《周易》所谓"易有太极,是生两仪"的学说中引申、发展而来的朴素辩证观。

天地之间,以及一切对立物之间的相互感应,是通过阴阳二气的作用而进行的,"游气纷扰,合而成质者,生人物之万殊;其阴阳两端,循环不已者,立天地之大义。"(《正蒙·太和篇》)阴阳二气,是天地变化性能的抽象,没有具体的质态,"神易无方体,一阴一阳",(《正蒙·太和篇》)"气有阴阳,推行有渐为化,合一不测为神。"(《易说·系辞下》)一旦太虚聚为万物,有形无形相对时,阴阳之气便以对立的形式出现,"循环迭至,聚散相荡,升降相求,絪缊相揉,盖相兼相制,欲一之而不能。"(《正蒙·参两篇》)阳气代表天的上升浮散的特性,阴气代表地的下降沉聚的特性,"浮而上者阳之清,降而下者阴之浊。"(《正蒙·太和篇》)"阴性凝聚,阳性发散;阴聚之,阳必散之。"(《正蒙·参两篇》)"阴虚而阳实,故阳施而阴受;受则益,施则损,盖天地之义也。"(《易说·系辞下》)这些特性表现为"健顺"。他说:

> 太虚之气,阴阳一物也,然而有两体,健顺而已。亦不

可谓天无意,阳之意健,不尔何以发散和一? 阴之性常顺,然而地体重浊,不能随则不能顺,少不顺即有变矣。有变则有象,如乾健坤顺,有此气则有此象可得而言。(《易说·系辞下》)

由于天尊地卑,阳气处于主动的一方,因而叫作"健";阴气处于被动的一方,所以叫作"顺"。这是阴阳二气天经地义的秩序,但由于"气"的无穷变化,这个秩序不断被打乱。阳胜阴则"气"飘散轻扬升而为天空太虚,阴胜阳则"气"凝聚沉落降而为大地万物。万物生灭变化,也无一不体现这一原则,"无无阴阳者,以是知天地变化,二端而已。"(《正蒙·太和篇》)阴阳二气运行流转,生生不息,因此万物的生长消亡也永不间断。

阴阳交感,万物化生,这一运动变化的过程和规则,以及万物产生后自身的发展变化程序,就称为"道"。故曰:"由气化有道之名。"(《正蒙·太和篇》)"道"从属于"气",没有"气",也就无所谓"道"。张载说:"太和所谓道,中涵浮沉、升降、动静、相感之性,是生纲缊、相荡、胜负、屈伸之始。"(《正蒙·太和篇》)"道"使"气"所内含的矛盾及其运动变化的潜在能动性一一展开。张载对"神""道""气"的关系做了这样的概括:"神,天德;化,天道。德其体,道其用,一于气而已。"(《正蒙·神化篇》)"道"是"神"的外化,二者为体用关系。"道"的含义,基本上等同于事物的客观规律,他说:"天道,四时行,百物生。""天不言而四时行……神之道与……鼓万物而不与圣人同忧,天道也。"(《正蒙·天道篇》)四时的运转流徙,百物的生息繁衍,都遵循着"天道"的规则。

与此同时,张载又提出一个与"天道"同等意义的范畴——"天性"。关于"天性",张载做了许多论述:

> 天所性者通极于道,气之昏明不足以蔽之;天所命者通极于性,遇之吉凶不足以戕之;不免乎蔽之戕之者,未之学也。性通乎气之外,命行乎气之内。气无内外,假有形而言尔。(《正蒙·诚明篇》)
>
> 天所自不能已者谓命,不能无感者谓性……莫不性诸道,命诸天。我体物未尝遗,物体我知其不遗也。至于命,然后能成己成物,不失其道。(《正蒙·诚明篇》)

又说:

> 天能为性,人谋为能。(《正蒙·诚明篇》)
>
> 天包载万物于内,所感所性,乾坤、阴阳二端而已。(《正蒙·乾称篇》)
>
> 天性,乾坤,阴阳也。(《正蒙·乾称篇》)
>
> 感者性之神,性者感之体。(《正蒙·乾称篇》)

又说:

> 性者,万物之一源,非有我得之私也。(《正蒙·诚明篇》)
>
> 性通极于无,气其一物尔。(《正蒙·诚明篇》)

"天性"来源于"天道",同时又是"天命"的源泉,它决定着万物的发展方向和人的命运。"天命"是指事物由"天性"所决定的变化趋势。"天性"与"气"是不可分离的,无论"气"以何种形式出现,"天性"都体现于其中。"天性"实际上就是天地阴阳运行推移,化生万物的本性和万物存在及变化的规则、特征。"天性"与"天道"只是因角度不同而使用不同的两个词,实质是一样的:"惟屈伸动静终始之能一也,故所以妙万物而谓之神,通万物而谓之道,体万物而谓之性。"(《正蒙·乾称篇》)所以,他有时把"天道"与"天性"看作是一

致的:"二端,故有感,本一,故能合。天地生万物,所受虽不同,皆无须臾之不感,所谓性即天道也。"(《正蒙·乾称篇》)

张载还提出"理"的范畴。他说:"天地之气,虽聚散、攻取百涂,然其为理也顺而不妄。"(《正蒙·太和篇》)"若阴阳之气,则循环迭至,聚散相荡……此其所以屈伸无方,运行不息,莫或使之,不曰性命之理,谓之何哉。"(《正蒙·参两篇》)"天理者,时义而已。"(《正蒙·诚明篇》)"理"或"天理"与"天道""天性"的意义是相近的,代表万物发展变化的趋向和特性。在本体论中,张载很少谈到"理",而多用"天道""天性"等,尤其是后者。"理"还没有作为其思想体系的主要范畴。

总之,张载的宇宙观,从"气"到太虚、万物、阴阳二气,从"神"到"天道""天性"及"天理",展现出一个完整的、有机的宇宙整体。对于这个纷纭复杂、气象万千的世界,张载称之为"太和"。"太和"一词,来源于《易·乾》"保合太和",原指阴阳糅合、冲和的元气。张载对"太和"做了新的解释。他说:"散殊而可象为气,清通而不可象为神。不如野马、绸缊,不足谓之太和。"(《正蒙·太和篇》)"野马"见于《庄子·逍遥游》:"野马兮,尘埃兮。"成玄英释曰:"青春之时,阳气发动,遥望薮泽,犹如奔马,故谓之野马。"沈括云:"野马乃田间浮气耳,远望如群羊,又如水波。"(见《庄子集释》)由此可知,"野马"指滚动翻腾、变化万千的气团。"绸缊"同"氤氲",见于《周易》,指气或光色混合鼓荡的样子。"野马""绸缊"都是张载用来形容想象中的阴阳二气交感时的情景。"太和"就是太虚与万物共存,并通过阴阳二气的感应相互联系、相互作用的有机的统一体,是"气"的存在及运动形态的总称,也是宇宙时间与空间的总称。

在中国思想史上,把"气"引入本体论,古已有之,但建立一个以

"气"为宇宙本体的宇宙观,张载却是首功。"气"不是一个神秘、微妙的精神本体,而是现实存在的、物质状态的东西。

理学的实质,是把封建社会的等级秩序、道德规范归结于某种神秘的精神力量的安排和创造,用一个非人格化的、精神性的"天理"来论证封建等级秩序和道德规范的合理性与永恒性。张载没有使其思想中的"天理"或"天道""天性"等范畴具备宇宙本体的意义,这些范畴都是从属于"气"的。由此看来,他建立理学思想体系的方式,不同于同时代及后世的理学家,而是走了一条独特的路径。

张载虽然吸取了不少自然科学的成果,但他的本体论,不是建筑在对于自然科学成果进行归纳的基础上,而是用儒家经典,特别是用《周易》中的范畴、概念加以推演,这就不可避免地使其本体论的学说具有某些猜测、臆想的成分。他虽然以物质状态的"气"作为宇宙本体和世界各种物质形式的最基本的状态,但"气"所具有的运动变化功能"神",却明显地带有神秘主义的色彩,于是渊源于"神"的"天道""天性""天理"诸范畴,也就自然而然地具有物质性与精神性、自然性与社会性的双重性质。张载没有用不同的概念分别表示这两种截然对立、互不相容的内容,在他看来,这些不同的内容都是一回事,完全可以共存于一个概念之中,相互之间没有根本的矛盾。"天性""天理"的双重性质,张载的理学思想,就是从这里开始建立的。

张载的道德论和认识论

张载认为,宇宙万物都是"气"聚合而成的不同形态,人也是万物中的一物。万物都禀承着"天性",人也不能例外。虽然如此,万物之间,人、物之间仍然存在着差别。他说:

> 天下凡谓之性者,如言金性刚、火性热、牛之性、马之性也,莫非固有。凡物莫不有是性,由通蔽开塞,所以有人物之别。由蔽有厚薄,故有智愚之别。塞者牢不可开,厚者可以开而开之也难,薄者开之也易,开则达于天道,与圣人一。(《张载集·性理拾遗》)

"性"即性质,不同的事物有不同的性质,所以物物有别,人、物有别。但这些"性",并不是由每一物体本身所决定的,而是存在于天地之间的唯一的"天性",决定了万物及人之"性"的不同内容。世界上不存在特殊的、具体的"性",只有一个抽象的、普遍的、永恒的"性",人之"性"也不过是"天性"在人身的反映而已,"天性在人,正犹水性之在冰,凝释虽异,为物一也。"(《正蒙·诚明篇》)但是宇宙万物之所以有别,人之所以不同于物,人们之间之所以有智愚的差异,是因为万物与人对"天性"禀受的程度不一,"性"蔽而塞者,只能为物;通而开者,可以成人。人性也有其蔽,并有厚薄之分,厚者为愚,薄者为智,无蔽无塞者,是为圣人。

张载根据《易传》,把世界划分为天、地、人三大块,《易·说卦》:"昔者圣人之作《易》也,将以顺性命之理。是以立天之道,曰阴与阳;立地之道,曰柔与刚;立人之道,曰仁与义。"张载把"阴阳""刚柔"与"仁义"作为"天性"在天、地、人三者之中所反映出来的不同内容。他说:

  《易》一物而三才备。阴阳,气也,而谓之天;刚柔,质也,而谓之地;仁义,德也,而谓之人。(《易说·说卦》)

  盖尽人道,并立乎天地以成三才,则是与天地参矣。(《易说·系辞上》)

  乾于天为阳,于地为刚,于人为仁;坤于天则阴,于地则柔,于人则义。(《易说·系辞下》)

  阴阳天道,象之成也;刚柔地道,法之效也;仁义人道,性之立也。(《易说·说卦》)

"阴阳",是"气"在两端相感,化生万物时表现出来的特征;"刚柔",是大地万物所具有的坚硬和柔软的性质;"仁义",是人的道德品行。三者都是一个"天性";这三者合一,也就是"理":"阴阳、刚柔、仁义,所谓性命之理。"(《易说·说卦》)把"仁义"作为"天性"在人身的反映,说明"天性"正是封建伦理观念的抽象化。这样,封建道德规范的合理性与绝对性便得到了论证。

"天性"的道德内容,来源于它固有的本质——"诚"。张载说,"性与天道合一存乎诚。天所以长久不已之道,乃所谓诚,仁人孝子所以事天诚身,不过不已于仁孝而已。故君子诚之为贵。"(《正蒙·诚明篇》)"诚"是古代儒学的一个重要范畴,《孟子》和《中庸》都多次谈到,指一种崇高的精神境界。张载把"诚"作为"天性"的本质,是为了突出"天性"的道德内容。他认为,"天人异用,不足以言诚",(《正蒙·诚明篇》)如果把天和人分割开来,"诚"就失去其意义了。

通过天、地、人三位一体的结构,张载沟通了本体论与道德论、认识论的联系,从而奠定了理学理论的基础。他与其他理学家的不同之处,是没有把"理"("天性")作为宇宙唯一的精神本体和主宰,也没有把"天理""天道""天性"作为与"气"并存的精神本体,而是使"气"的属性——"天性"带有伦理性质,具备了理学思想中"理"的某些特征,起到了与其他理学家思想中"理"同样的作用。在张载的学说中,虽然"气"是第一位的,"理"是第二位的,但"理"却是封建伦理纲常的总根源和决定人之圣凡智愚的根本原因。他以这种方式,回答了理学的中心问题——"性与天道"问题。

"理一分殊"的理论,不仅仅在于说明道德的渊源问题。张载更进一步,以此论证了人为什么要遵守道德的问题。这一思想,反映在《西铭》一文中。《西铭》说:

> 乾称父,坤称母;予兹藐焉,乃混然中处。故天地之塞
> 吾其体;天地之帅吾其性。民,吾同胞;物,吾与也。

乾坤是天地的代称。天地是万物和人的父母,人是天地间藐小的一物,天、地、人三者混然共处于宇宙之中。由于三者都是"气"聚之物,天地之性,就是人之性,所以人类是我的同胞,万物是我的朋友,因为归根结底,万物与人类的本性都是一致的。但这并不意味着天下万物都是平等的:

> 大君者,吾父母宗子;其大臣,宗子之家相也。(《西铭》)

帝王君主,是天的嫡长子,百官臣僚,是帝王的臣仆,天地万物和人类社会都有着严格的等级界限,这种界限是先天产生的,而不是后天决定的。《正蒙·动物篇》:"生有先后,所以为天序;小大高下相并而相形焉,是谓天秩。天之生物也有序,物之既形也有秩。知序

然后经正,知秩然后礼行。"既然天地万物和人类都有天然的等级秩序,人们就应该承认这种等级的合理性,处于较低地位的人,当为地位较高的人尽到理所当然的义务,反映在道德上,即所谓恪守"孝"道:

> 尊高年,所以长其长;慈孤弱,所以幼吾幼。圣,其合德;贤,其秀也。凡天下疲癃残疾、惸独鳏寡,皆吾兄弟之颠连而无告者也。于时保之,子之翼也;乐且不忧,纯乎孝者也。违曰悖德,害仁曰贼;济恶者不才,其践形,惟肖者也。知化则善述其事,穷神则善继其志。不愧屋漏为无忝,存心养性为匪懈。恶旨酒,崇伯子之顾养;育英才,颖封人之锡类。不弛劳而底豫,舜其功也;无所逃而待烹,申生其恭也。体其受而归全者,参乎!勇于从而顺令者,伯奇也。富贵福泽,将厚吾之生也;贫贱忧戚,庸玉女于成也。存,吾顺事;没,吾宁也。(《西铭》)

"孝"是张载道德论的最重要的规范,内容丰富,其含义远远不止孝敬父母。从人人同等、万物共性的角度讲,人们应该尊老抚幼,照顾疲癃残疾、惸独鳏寡者,应该普爱众生,泛爱万物。这一点与墨子"兼爱"学说相近。《正蒙·诚明篇》直接提到"兼爱":"性者,万物之一源,非我有之得私也。惟大人为能尽其道,是故立必俱立,知必周知,爱必兼爱,成不独成。"他认为在封建等级制度下,人们必须忠君事长,恪守义务,此乃天经地义,命运使然,任何人都无所逃乎这种道德义务的束缚。这才是"孝"的实质。《西铭》所举几例,都是古代忠孝的典范,也是张载为人们树立的榜样。他要求人们"穷神知化","存心养性",致力于道德修养,不论富贵贫贱,都应乐天安命,活着一天,尽一天的孝道,直到问心无愧地死去。

《西铭》巧妙地论证了人间等级制度的合理性,使帝王对于天下百姓的统治,臣民对于君主的恭顺效力,都成为理所当然的事情。

一、"天地之性"与"气质之性"

张载对理学的另一贡献是区分了"天地之性"与"气质之性",并提出"立天理""灭人欲"的命题。

张载继承了孟子的性善论,认为:"性于人无不善,系其善反不善反而已。"(《正蒙·诚明篇》)"天性"从根本上讲都是至善至美的,是否能使人性复归于至善的境地,在于人能否经过自我努力使其本性还原到最初状态。这点与孟子性善论是一致的。但他认为人性在未形成之时,还包含着某种潜在的恶的因素。他说:"性未成则善恶混""纤恶必除,善斯成性矣;察恶未尽,虽善必粗矣。"(《正蒙·诚明篇》)由于"性"中存在着恶的成分,他把"性"分为"天地之性"和"气质之性",说:"形而后有气质之性,善反之,则天地之性存焉,故气质之性,君子有弗性者焉。"(《正蒙·诚明篇》)

"天地之性"至高无上,实际上就是"天理""天性","天地之性久大而已矣,莫非天也。"(《正蒙·诚明篇》)所谓"气质之性",他是这样解释的:

> 气质犹人言性气,气有刚柔、缓速、清浊之气也。质,才也。气质是一物,若草木之生亦可言气质,惟其能克己则为能变,化却习俗气性,制得习俗之气。(《经学理窟·学大原上》)

才,同材,指物质实体。"气质之性"犹言生物由物质本性所决定的生理本能、生存本能,是"气"的阴暗面("柔""缓""浊")的特性所决定的,亦即所谓"习俗之气性",在人身上就表现为人对物质生活的欲望:"湛一,气之本;攻取,气之欲。口腹于饮食,鼻舌于臭味,皆攻取之性也。"(《正蒙·诚明篇》)"饮食男女皆性也;是乌可灭?"(《正蒙·乾称篇》)

"气质之性"是怎样形成的呢？他说：

> 大凡宽褊者是所禀之气也,气者自万物散殊时各有所得之气,习者自胎胞中以至于婴孩时皆是习也。及其长而有所立,自所学者方谓之学,性则分明在外,故曰气其一物尔。气者在性学之间,性犹有气之恶者为病,气又有习以害之,此所以要鞭辟至于齐,强学以胜其气习。其间则更有缓急精粗,则是人之性虽同,气则有异。天下无两物一般,是以不同。孔子曰:"性相近也,习相远也",性则宽褊昏明名不得,是性莫不同也,至于习之异斯远矣。虽则气禀之褊者,未至于成性时则暂或有暴发,然而所学则却是正,当其如此,则渐宽容,苟志于学则可以胜其气与习,此所以褊不害于明也。(《张子语录·语录下》)

这里,他提出了"气禀"的说法,来解释"气质之性"的产生和人与人之间、人与物之间"性"的差别。世界万物和人都是出一团形气组合而成,有清浊昏明的区分。尽管"性"清洁无瑕,但它的受体人身之气,由于清浊昏明的程度不一,不免使"性"受到熏染,产生恶的因素。于是"气禀"便出现了两种情况:禀之正和禀之褊。禀之正,既得"性"的全体;禀之褊,则得"性"之一部分,人性便善恶相混,"气质之性"由此而生。人平日积习直接影响到"性"的善恶的发展:禀之褊者,只要勤奋学习,克服积恶,就能消除"性"中恶的成分,克服"气质之性"对"天地之性"的影响;荒于学业,贪图享乐,就会积恶难返。但他却不同意告子的人性论。告子认为人性生来不分善恶，把善恶之性的产生完全归结为人后天的习染。他觉得如果这样解释人性，那就等于抹煞了"天性"对于人性的决定作用，把人性与物性完全等同起来。他说："以生为性，既不通昼夜之道，且人与物等，故告子之妄不可不抵。"（《正蒙·诚明篇》）

张载认为，人之欲望在一定限度内存在是合理的："上达反天理，下达徇人欲者与！性其总合两也。"（《正蒙·诚明篇》）他提出"心统性情"的命题，说："心统性情者也。有形则有体，有性则有情。发于性则见于情，发于情则见于色，以类而应也。"（《张载集·性理拾遗》）"情"根据儒家传统的说法，即"喜怒哀惧爱恶欲"七情，也就是张载所说的"气质之性"。心统性情，即指"性"与"情"都在人心之内，这样就把人的善恶之性，都囊括于人心之中了。朱熹对此极为称赞："伊川'性即理也'，横渠'心统性情'，二句颠扑不破。惟心无对，'心统性情'，二程却无一句似此切。""性对情言，心对性情言。今如此是性，动处是情，主宰是心。横渠云'心统性情者也'，此语极佳。"（《张子语录·后录下》）

但是，张载认为过分地追求欲望的满足，就会伤害"天理"，"徇物丧心，人化物而灭天理者乎？""化而自失焉，徇物而丧己也。"（《正蒙·神化篇》）为了保持"天理"的纯洁，人们必须寡欲，"不以嗜欲累其心，不以小害大，末丧本焉尔。"（《正蒙·诚明篇》）"中心安仁，无欲而好仁，无畏而恶不仁。"（《正蒙·中正篇》）寡欲就必须在饮食男女方面克制自己，"克己要当以理义战退私己，盖理乃天德，克己者必须有刚强壮健之德乃胜己。"（《易说·下经·大壮》）因此，他提倡"立天理""灭人欲"，反对"灭天理""穷人欲"，"今之人灭天理而穷人欲，今复反归其天理。古之学者便立天理，孔孟而后,其心不传,如荀杨皆不能知。"(《经学理窟·义理》)"烛天理如向明,万象无所隐;穷人欲如专顾影间,区区于一物之中尔。"(《正蒙·大心篇》)

张载关于"天地之性"与"气质之性"的划分,这是否为他的独创,很难做出确切的判断。与张载同时的道教金丹派南宗的创始人张伯端(984—1082年)也有同样的说法:

> 形而后有气质之性,善反之,则天地之性存焉。自为气质之性所蔽之后,如云掩月,气质之性虽定,先天之性则无有。然元性微而质性彰,如君臣之不明而小人用事以蠹国也。且父母构形而气质具于我矣,将生之际而元性始入。父母以情而育我体,故气质之性每寓物而生情焉。今则徐徐铲除,至于气质尽而本元始见,本元见,而后可以用事。(《道藏洞真部·方法类·玉清金笥青华秘文金室内炼丹诀》卷上,第八)

这段话的首句,与张载所言几乎相同,但他关于"天地之性"(或称"本元之性")与"气质之性"相互关系的论述,却不如张载讲得那么深入,很可能张载受了他的影响。

禁欲主义思想,在儒学和道家思想中都是有传统的。孔子主张"君子谋道不谋食。"(《论语·卫灵公》)"君子喻于义,小人喻于利。"(《论语·里仁》)孟子更进一步指出"养心莫善于寡欲。"(《孟子·尽心下》)要求人们"舍生取义。"(《孟子·告子上》)《礼记·乐记》首先把"人欲"与"天理"对立起来,说:"人化物也者,灭天理而穷人欲者也,于是有悖逆诈伪之心,有淫佚作乱之事。是故强者胁弱,众者暴寡……此大乱之道也。"老子也说:"无欲以静,天下将自定。"(《老子》第三十七章)主张"绝巧弃利""少私寡欲。"(《老子》第十九章)最早在理论上阐述理欲之辨的,还是佛教。佛教华严宗认为"一切众生,有佛种性。"(《华严经疏》卷七)佛性是天地的本性,人人都禀受着这种性,但由于禀受程度不同,佛性的明净程度也不一。受世俗欲望影响的人,其佛性便遭污染,即所谓"净染"。佛教极力主张禁断爱欲之情,去染成净,反染归真。张载的理欲之辨,显然是继承了儒学寡欲思想的传统,并在理论上直接接受了佛、道的观点。在理学家中,他是首先提出这一理论的。

"天理人欲"之辨,是理学家们所津津乐道的问题。在当时的社会条件下,张载开始探索这一问题,并不是偶然的,不但有思想渊源,而且有社会背景。北宋时期,由于土地占有形态的变化,土地兼并空前剧烈,贫富悬殊日益增大,农民阶级最感到痛苦的事情,是对生产资料和生活资料占有的不均,这是地主阶级与农民阶级最主要的矛盾冲突,北宋时期的农民起义,便直接把"均贫富"作为斗争的主要纲领。因此,从统治阶级的立场来看,要缓和阶级矛盾,维持封建剥削制度,必须从解决"贫富"问题着手。张载一方面主张"均平""夺富人之田",试图进行政治上的改良;另一方面提出"立天理""灭人欲"说教,进行思想上的论说。

二、"穷神知化"与"穷理尽性"

按照张载的人性论,每个人都禀受着"天地之性",具备天所赋予的道德品性,由于气禀的偏差,一部分人的性中存在着邪恶、淫欲的杂质。那些全备"天理"的人,其性清净明洁,无丝毫杂质;这样的人,就是"圣人""君子"。有些人虽然有气禀之褊,但经过后天的努力,仍然可以成为圣人君子。他认为,要想做圣人君子,必须首先成身成性。他说:"进德修业,欲成性也,成性则从心皆天也。所以成性则谓之圣者……若圣人则于大以成性。""君子之道,成身成性以为功者也,未至于圣,皆行未成之地耳。"(《易说·乾》)成身成性之后,就可以使自己的精神境界达到"天德"的地位:"成性则跻圣而位天德。""位天德,大人成性也……大人成性则圣也化,化则纯是天德也。圣犹天也,故不可阶而升。圣人之教,未尝以性化责人,若大人则学可至也。位天德则神,神则天也,故不可以神属人而言。"(《易说·乾》)达到圣人君子的地位,必须穷尽"天神""天理",因而他提出"穷神知化"与"穷理尽性"两个命题,奠定了理学认识论的基础。

"穷神知化"是《易·系辞》中的术语,张载就此问题有许多论述。他在《西铭》中便说:"知化则善述其事,穷神则善继其志。"《正蒙》中还有《神化》一篇,专论"穷神知化"问题。

张载在解释《易传·系辞下》"穷神知化,德之盛也"时说:

德盛者,神化可以穷尽,故君子崇之。

《易》谓穷神知化,乃德盛仁熟之致,非智力能强也。

穷神知化是穷尽其神也。

穷神知化,与天为一。(《易说·系辞下》)

"神"是太虚变化莫测的功能,"化"是太虚在"神"的作用下产生的变化,"穷神知化"就是努力探赜索隐,穷尽"天神"的奥秘,达到天人合一的境地。能够"穷神知化",与"天德"合一的人,就是"圣人"。但"神"是不可知的,人无法通过对宇宙万物的观察了解认识它,所以"穷神"的办法只有一个,叫作"大"或"崇德"。他说:

神化者,天之良能,非人能;故大而位天德,然后能穷神知化。大可为也,大而化不可为也,在熟而已。(《正蒙·神化篇》)

> 先后天而不违,顺至理以推行,知无不合也。虽然,得圣人之任者,皆可勉而至,犹不害于未化尔。大几圣矣,化则位乎天德矣。大则不骄,化则不吝。无我而后大,大成性而后圣,圣谓天德不可致知谓神。(《正蒙·神化篇》)

> 穷神知化,乃养盛自致,非思勉之能强,故崇德而外,君子未或致知也。神不可致思,存焉可也;化不可助长,顺焉可也。存虚明,久至德,顺变化,达时中,仁之至,义之尽也。知微知彰,不舍而继其善,然后可以成人成性矣。圣不可知者,乃天德良能;立心求之,则不可得而知之。(《正蒙·神化篇》)

"大"或"崇德"即扩充本心原有的至善之德,忘却自我,达到与"天德"相合的地步,彻底泯灭天人界限,使自身的行为意志,完全符合天理的要求,与天理融为一体。

"穷神知化"的理论,作为认识论是不成熟、不完善的,它没有阐明主体与客体的关系,也没有谈到认识过程,这是一种十分简单的主观唯心主义认识论,也是一种道德修养论。

"穷理尽性"亦见于《周易》。《易传·说卦》:"穷理尽性以至于命。"理学家们对这句话十分感兴趣,张载借此发挥了自己的认识论。他认为,"穷理尽性以至于命"是三个不同等级但又互相连接的认识阶段。"穷理"为第一阶段,指穷尽体现在万事万物中的"天理"。万物是"天理"的承受者,每一事物都蕴含着"天理",所以"穷理"必须接触事物,以万事万物为媒介逐渐达到对"天理"的体验。他说:"穷理亦当有渐,见物多,穷理多,如此可尽物之性。""人有见一物而悟者,有终身而悟之者。"(《张子语录·语录上》)他认为,"穷理"的主要方式就是读书、学习:"穷理即是学也,所观所求皆学也。长而学固谓之学,其幼时岂可不谓之学?直自在胞胎保母之教,己虽不知谓之学,然人作之而已变以化于其教,则岂可不谓之学。"(《张子语录·语录下》)"尽性"是第二阶段,即尽人性,穷尽人所禀赋的道德品性,以达到与"天性"的合一。他说:"有无虚实通为一物者,性也;不能为一,非尽性也。"(《正蒙·乾称篇》)又说:"尽性,然后知生无所得,则死无所丧。"(《正蒙·诚明篇》)尽得自身之性后,便尽了他人之性及万物之性,"尽其性,则能尽人物之性。"(《正蒙·诚明篇》)因为这些"性"都归源于"天性"。穷尽人性、"天性",便进入了"诚"的境界,"至诚,天性也……人能至诚,则性尽而神可穷矣。"(《正蒙·乾称篇》)

张载还指出,"穷理尽性"和"尽性穷理"是两种不同的认识途径:"自明诚,由穷理而尽性也;自诚明,由尽性而穷理也。"(《正蒙·诚明篇》)"穷理"的结果使人"明","尽性"的结果使人"诚";由明至诚,是先穷理而后尽性;由诚至明,是先尽性而后穷理。就是说,一方面是通过对于事物的研究以达到与天合一的道德境界;另一方面是从"天性"出发,体会万物之性皆由于"天性"而成。

他说:

> 须知自诚明与自明诚者有异。自诚明者,先尽性以至于穷理也,谓先自其性理会来,以至穷理;自明诚者,先穷理以至于尽性也,谓先从学问理会,以推达于天性也。某自是以仲尼为学而知者,某今亦窃希于明诚,所以勉勉安于不退。(《张子语录·语录下》)

他对"自明诚"和"自诚明"的态度,就像孔子对"生而知之"与"学而知之"的态度一样。他认为,儒者应该兼备二者,重点在学习上下功夫:"儒者则因明至诚,因诚至明,故天人合一,致学而可以成圣。"

(《易说·系辞上》)自明诚,自诚明,源于《中庸》。这里,张载将《中庸》之义与《易》说结合了起来。

"至于命"是最后一个阶段,意即通过穷尽"天理""天性",而达到对"天命"的最终体悟。"既穷物理,又尽人性,然后能至于命,命则又就己而言之也。"(《易说·说卦》)为何不言"知命"而言"至于命"呢?他说:"知与至为道殊远,尽性然后至于命,不可谓一;不穷理尽性即是戕贼,不可至于命。然至于命者止能保全天之所禀赋。本分者,且不可以有加也。既言穷理尽性以至于命,则不容有不知。"(《易说·说卦》)"至"比"知"要更进一步。

完成了"穷理""尽性""至于命"的整个过程后,人的精神世界便产生了根本变化,进入一个所谓至诚至善、无思无虑、无私无欲,排除了"意、必、固、我"的主观习俗,上与"天性"同一,下与万物通贯的最高境界,叫作"中正"。他说:"中正然后贯天下之道,此君子之所以大居正也。盖得正则得所止,得所止则可以弘而至于大。"(《正蒙·中正篇》)他根据孔子"三十而立,四十而不惑,五十而知天命,六十而耳顺,七十而从心所欲不逾矩"的一套心性修养过程,在道德践履和修养上安排了一个程序:"三十器于礼,非强立之谓也;四十精义致用,时措而不疑;五十穷理尽性,至天之命,然不可自谓之至,故曰知;六十尽人物之性,声入心通。七十与天同德,不思不勉,从容中道。"(《正蒙·三十篇》)

"穷理尽性"是比"穷神知化"更完备一些的认识论,它涉及主、客体关系和认识过程等认识论的基本问题。"穷理"必须"尽物",即接触事物,研究事物,而且主要通过学习的途径获得知识。这种认识方法,有合理的因素,但仍然是一种狭隘的认识论。在张载看来,人们所要认识的,不完全是事物的客观规律和性质,而主要是所谓"天性"的道德虚构。读书学习主要是要认识"天性",因此人们的社会实践便被排斥在认识过程之外。这种认识论,说到底,也是一种道德修养论。认识论与道德论分不开,这是张载和其他理学家的思想特点。二程、朱熹不多谈"穷理尽性"而是大谈"格物致知"。张载关于"穷理尽性"的学说,与程、朱"格物致知"论是很接近的,只是没有后者精深、细密,且缺乏所谓"豁然贯通"的环节。后来朱熹在这方面有所发展。

三、大 心

张载认为,"穷理"必须"尽物",但仅仅通过耳目感官接触事物,不可能穷尽天下之物,所以很难穷尽"天理"。他说:

> 尽天下之物,且未须道穷理,只是人寻常据所闻,有拘管局杀心,便以此为心,如此则耳目安能尽天下之物?尽耳目之才,如是而已。(《张子语录·语录上》)

> 言尽物者,据其大总也。今言尽物且未说到穷理,但恐以闻见为心则不足以尽心。人本无心,因物为心,若只以闻见为心,但恐小却心。今盈天地之间者皆物也,如只据己之闻见,所接几何,安能尽天下之物?(《张子语录·语录下》)

以耳目感官接触事物,只是最直接、最一般的认识手段,通过这种手段获得的知识,叫"见闻之知"。"见闻之知"范围狭小,所见所识十分有限,因而不能穷尽"天理",即使耳目接触了天下所有事物,也未必就能穷尽"天理"。这种看法有合理的一面,如果把"见闻之知"作为人们直接的感性认识,这样讲是对的。人们认识世界,不但应具备直接的感性认识,还要接受间接经验,并通过主观思维进行分析、判断和归纳,如此方能认识事物本质。他提出"大心"的命题,即主张扩充自己主观思维的能力,把认识对象转向自我之心,使自我之心与"天理"达到不可分离的同一,这种方法所得,称为"德性之知":

> 大其心,则能体天下之物,物有未体,则心为有外。世人之心,止于闻见之狭;圣人尽性,不以见闻梏其心,其视天下,无一物非我,孟子谓尽心则知性知天以此。天大无外,故有外之心,不足以合天心。见闻之知,乃物交而知,非德性所知;德性所知,不萌于见闻。(《正蒙·大心篇》)

在张载看来,"见闻之知"只能得到对"天理"片面的、局部的认识,过分地依靠它,不但无助于"穷理尽性",还会妨碍内心的自悟。"大心"是孟子的"尽心",即以自我之心作为认识的唯一对象。"大心""尽心"是张载认识论的主要命题。他特别强调说:

> 天之明莫大于日,故有目接之,不知其几万里之高也;天之声莫大于雷霆,故有耳属之,莫知其几万里之远也;天之不御莫大于太虚,故心知廓之,莫究其极也。人病其以耳目见闻累其心,而不务尽其心,故思尽其心者,必知心所从来而后能。(《正蒙·大心篇》)

这种"大心"的理论,与后来王学的"知行合一"的认识论是一致的。

张载并没有完全否定"见闻之知"的作用。他说:"人谓己有知,由耳目有受也;人之有受,由内外之合也。知合内外于耳目之外,则其知也过人远矣。……耳目虽为性累,然合内外之德,知其为启之要也。"(《正蒙·大心篇》)但这里讲的"内外之合",并非指主体与客体的联系、理性认识与感性认识的结合,而仅仅是说"见闻之知"对于人们"尽心""尽性"有一种神秘的启示作用。

经学、理学与关学——论张载在中国思想文化史中的贡献

张载与二程的关系

张载与二程生活在同一时代,比程颢长十二岁,比程颐长十三岁。他们又是亲戚关系,张载是二程之父程珦的表弟,二程称张载为表叔。张载同二程的关系是很密切的,他们之间的来往也比较多。这不仅仅是因为张、程之间的亲戚关系,而且也因为在当时学术界的四大主要派别(新学、洛学、关学、蜀学)中,洛学与关学的观点比较接近。

据《宋史·张载传》和吕大临《行状》载,张载与二程会面,直接讨论学术问题有两次,一次是嘉祐初在京师讲《易》,适值二程至京,"与论易""共语道学之要"。一次是熙宁十年(公元1077年),辞官告归,路过洛阳,与二程会面,讨论了许多问题。不久,张载就病逝途中。这两次讨论,第一次史传只存其事,内容却未著录,无从考查。第二次讨论的内容,由门人苏昞记录下来,载于《二程遗书》中,题为《洛阳议论》。

二程对张载是很敬重的,尤其称赞他学而不杂,重视礼教。程颢说:"某接人多矣,不杂者三人:张子厚、邵尧夫、司马君实。"(《河南程氏遗书》卷第二上,以下简称《遗书》)把张载与邵雍、司马光相提并论。又说:"子厚以礼教学者,最善,使学者先有所据守。"(《遗书》卷二上)"张子厚、邵尧夫,善自开大者也。"(《遗书》卷第三)他们对于张载专心致志于儒学尤为推崇,说"世之信道笃而不惑异端者,洛之尧夫,秦之子厚而已。"(《遗书》卷第四)"横渠道尽高,言尽

醇。自孟子后,儒者都无他见识。"(《张子语录·后录上》)比较起来,程颢与张载比较亲近,程颐较疏远。程颐说:"子厚之为人,谨且严,是以其言似之,方之孟子,则宽宏舒泰有不及也。"(《河南程氏粹言》卷一)

二程赞赏张载的《西铭》,认为《西铭》是秦汉以来儒家的最优秀之作:"《订顽》之言极纯无杂,秦汉以来学者所未到。"也是继孟子之后绝无仅有的名作:"孟子之后只有《原道》一篇,其间言语固多病,然大要尽近理。若《西铭》则是《原道》之宗祖也。""《西铭》,颢得此意,只是须得他子厚有如此笔力,他人无缘做得。孟子已后未有人及此文字,省多少言语。且教他人读书,要之仁孝之理备于此,须臾而不于此,则便不仁不孝也。"(《张子语录·后录上》)

但二程对《西铭》的评价也是有分寸的。他们没有过分地赞扬《西铭》。

问:"《西铭》如何?"

伊川先生曰:"此横渠文之粹者也。"

曰:"充得尽时如何?"

曰:"圣人也。"

"横渠能充尽否?"

曰:"言有多端,有有德之言,有造道之言。有德之言说自己事,如圣人言圣人事也。造道之言则智足以知此,如贤人说圣人事也。"(《河南程氏粹言》卷一)

《西铭》只是"造道之言",还不是"有德之言",所以张载不能算作"圣人",只是"贤人"而已。《西铭》乃"贤人说圣人事也"。

二程对《西铭》的内容加以肯定。他们把《西铭》的思想概括为"理一分殊"四字。程门弟子杨时,看到《西铭》讲了许多尊老抚幼、博爱万物的道理，便以为张载《西铭》之论，与墨子"兼爱"之说无异。程颐纠正他说：

> 《西铭》之论，则未然。……《西铭》之为书，推理以存义，扩前圣所未发，与孟子性善养气之论同功，岂墨氏之比哉？《西铭》明理一而分殊，墨氏则二本而无分。分殊之蔽，私胜而失仁；无分之罪，兼爱而无义。分立而推理一，以止私胜之流，仁之方也。无别而迷兼爱，至于无父之极，义之贼也。子比而同之，过矣。且谓言体而不及用。彼欲使人推而行之，本为用也，反谓不及，不亦异乎？（《河南程氏文集》卷九）

《西铭》之论与墨子"兼爱"之说的最大区别，在于它明确了人类及万物的等级秩序，因而也标明了爱的差等。理学"理一分殊"的提法，最早见于此。

虽然张、程思想有共同之处，但在许多问题上，分歧很大。他们之间有过不少争论。争论最多的，一是关于"清虚一大"问题，一是关于"穷理尽性以至于命"的问题。

所谓"清虚一大"，就是指以清通不可象的太虚作为宇宙万物唯一的本源。如前所述，张载以"气"的原始状态作为宇宙基本的、永恒的存在形态，而把万物作为太虚的派生物，所以，太虚便是万物的本源。二程认为万物的本源是精神性的"道"或"理"，"道"生"气"，进而生万物。

由于对哲学根本问题的解释不同，张、程在理解《易·系辞上》的"形而上者谓之道，形而下者谓之器"时也有分歧。二程认为，"形而上"是指抽象的、精神性的东西，"形而下"则是指现实存在的物质实体，"道"与"器"的关系，就是精神与物质的关系。张载认为,"形而上"是指清通无形的太虚,"形而下"则是指有形的万物。他以"气化"为"道",所以"道"归根结底源于太虚。张载在解释此句时,受字义限制,概念上有些含混不清。他说:"凡不形以上者,皆谓之道,惟是有无相接与形不形处知之为难。""形而上者是无形体者,故形而上者谓之道也;形而下者是有形体者,故形而下者谓之器。"(《易说·系辞上》)似乎"道"与"太虚"是一回事,但在另外几处,他还是区分了"道"与"太虚"的不同:

> 一阴一阳不可以形器拘,故谓之道。乾坤成列而下,皆《易》之器。
>
> 运于无形之谓道,形而下者不足以言之。鼓万物而不与圣人同忧,天道也。
>
> 无形迹者即道也,如大德敦化是也;有形迹者即器也,见于事实即礼义是也。(《易说·系辞上》)

"道"是"气化"的过程,也是"无形迹"的,所以张载把它归入"形而上"的范畴,但"道"毕竟不是"太虚",只是"运于无形"的东西。这说明张载概念上是不严密的。

张载与程氏兄弟争论最激烈的,是对"穷理尽性以至于命"的理解。张载把三者作为互不相同又相互衔接的三个阶段,作为认识过程与道德修养过程合而为一的人生哲学。二程不赞同这样的解释:

> 理则须穷,性则须尽,命则不可言穷与尽,只是至于命也。横渠昔尝譬命是源,穷理与尽性如穿渠引源。然则渠与源是两物,后来此议必改来。(《遗书》卷第二上)

他们认为,张载是把"穷理""尽性"作为"渠",把"命"作为"源","穷理尽性"是通向"命"的渠道,这种看法必须改变。二程的观点是:

> 穷理尽性以至于命,三事一时并了,元无次序,不可将穷理作知之事。若实穷得理,即性命亦可了。(《遗书》)

> 穷理尽性至命,只是一事,才穷理便尽性。才尽性便至命。(《遗书》卷第十八)

把"穷理尽性至于命"三者等同,便自然地改变了"穷理"作为认识过程的意义,使三者完全成为道德修养过程。在洛阳议论时,张载就此问题与二程辩论,指出二程的观点"亦是失于太快",认为:"此义尽有次序。须是穷理,使能尽得己之性,则推类又尽人之性;即尽得人之性,须是并万物之性一齐尽得,如此然后至于天道也。其间煞有事,岂有当下理会了? 学者须是穷理为先,如此则方有学。今言知命与至于命,尽有近远,岂可以知便谓之至也?"(引自《遗书》卷第十)

总之,张载的思想对二程深有影响。二程从张载那里吸取了"理一分殊""天地之性"与"气质之性"的理论等。张载提出的一些命题,经二程的扩充、发展,成为理学思想体系的最基本的、最重要的命题。从张载到二程,不难看出理学建立初期的发展过程:由不完善的理学理论向逐步完善的理学思想演进。

《宋明理学史》与《关学文库》

忆《宋明理学史》的撰著

——邱汉生先生对《宋明理学史》一书的贡献*

由侯外庐(1903—1987年)、邱汉生(1912—1992年)先生和我主编的《宋明理学史》(上卷28章,下卷36章),约一百三十余万言,1980年启动,1985年写毕,1987年由人民出版社出版发行第一版,至今整整30年。

当我对《宋明理学史》进行新的修订时,我思念过去指导我们撰写此书的老师,他们早已驾鹤西去。今天我伏案写作时,感到有些孤单;我怀念过去在一起撰写《宋明理学史》的朋友们,由于日夜辛劳,加上其他原因,有几位已经离开了这个世界。

早在1959年,外庐先生已有编著《宋明理学史》的想法。当时,《中国思想通史》第四卷即将完成,由于篇幅的限制,其中对宋明理学的论述不多,他请邱汉生为撰写《宋明理学史》早做准备。汉生先生告诉我,从此时起他搜集并研究宋明理学,这是动笔以前的20年。到组织编写组开始撰写《宋明理学史》一书时,汉生先生已写有不少笔记,他多次在编写组内讲过,也在海外和国内进行学术交流时加以介绍。

---

* 本文刊于《中原文化研究》2018年第1期。

经学、理学与关学——论张载在中国思想文化史中的贡献

一、《宋明理学史·后记》中的一段话

《宋明理学史》中,汉生先生在《后记》中有这样一段话:"我们有幸在首都工作。这里有藏书十分丰富的全国最大的图书馆。例如,北京图书馆的明永乐年间内府初刊本《四书大全》《五经大全》《性理大全》,是很珍贵的。……我们得以坐在该馆的善本书室里静心地阅读,这事实本身说明我们的幸运。……另有一部桑皮纸本,是明初南京印制的,收藏在中国科学院图书馆,版式字体开本与内府刊本相同,只是纸张不同,也是国内稀有的善本了。我们有幸得借阅以与内府刊本相校。这真是我们撰著工作中的喜事。何心隐的集子现在有了刊本,而当初只有容肇祖先生收藏的抄本。过去写《中国思想通史》第四卷下册,蒙容先生慷慨借予。这也只有在北京有此方便。"①接着,汉生先生有感而发:"学术是天下的公器,然而没有兰台石室之藏,没有天禄琳琅之富,则巧妇也难于做无米之炊。任是曾窥二酉,也就失去了做学问的根本凭借。中华人民共和国成立以前,书籍的匮乏,曾使学人搁笔。兴言及此,不胜慨叹!"这些话,汉生先生在《宋明理学史》编写组内多次说过,我们都有同感。

二、研究宋明理学史譬如"看山""上山"

汉生先生在《宋明理学史》编写过程中,经常对编写组的朋友们说,我们研究宋明理学,有个譬喻:从"看山"到"上山",这要付出很

---

① 1946年—1950年我在北京大学哲学系读书,听容先生的"中国哲学史"课,在讲课中他曾经介绍过何心隐等的著作,当时我没有读过。

大的精力。

"'看山',看到前面有一座山,它际天蟠地,它高耸入云,它林木苍翠,它溪涧玙琮。我们大体对它有些了解。于是我们攀登,拾级而上,攀悬崖,登高峰,升降流连,渡溪涉涧,越过峻坂,徜徉平冈,然后浩歌而归。……写下来,乃成为一部《山志》。这部《山志》,还是粗略的,不免有遗漏,也有失误,但总堪作揽胜之一助。更有进者,我们的主观愿望是,想通过这部《宋明理学史》,对清理中华传统文化,建设精神文明,有所裨补。青蓝冰水,则寄厚望于将来的作者。"这些是汉生先生的肺腑之言,也是当年《宋明理学史》编写组的共同心声。正因为此,我现在开始了《宋明理学史》的修订工作。

三、宋明理学的独特范畴

关于宋明理学的社会历史背景,《宋明理学史》中有比较详细的论述,这里不赘述。除此,对理学中的一些独特范畴,其来源、内涵、影响等都试着做较深的论述,这在《宋明理学史》一书中有所反映。

究竟从哪个角度来确定宋明理学的范畴?汉生先生认为,这从周敦颐的著作《太极图·易说》《易通》中可以看到:道、无极、太极、阴阳、五行、动静、性命、善恶、诚、德、仁义礼智信、主静、鬼神、死生、礼乐、无思、无为、无欲、几、中、和、公、明、顺化等,这些来源于《易传》和《中庸》。

邱汉生先生认为,朱熹的学生陈淳在其著作《北溪性理字义》中所列,有二十五个条目,又有二十六个条目之说。要了解宋明理学讲的是什么,以及如何进行论说,需要了解其范畴的来源、内涵及其运用,需要进行深入研究。依据汉生先生的研究:"宋明理学着重研究儒家经典,首先是《易》,主要是《易传》。理学家用理学观点注释儒家经典,朱熹的《四书集注》就是这方面的典型之作。"何谓"理学观点注释"?这需要有所阐释;从其中即可看出研究者的功力与见识。

汉生先生认为,宋明理学在中国思想史的发展长河中,有特殊的地位。先秦诸子、两汉经学、魏晋玄学、隋唐佛学、宋明理学,是中国思想史开出的不同花朵。这样说,并不是要颂扬它,也不是说它没有糟粕。在漫长的七百年间,理学家辈出,"穷理尽性,以至于命",其间不能没有值得后人汲取的有价值的思想成果。用历史唯物论的立场、观点、方法研究前人的思想学说业绩,必然要排除主观的随意性,不宜刻薄,也毋庸偏爱。依据汉生先生的意见,《宋明理学史》出版后,隔一段时间,应对《宋明理学史》进行修订,使之提高学术研究水平,这是必要的。

四、撰写《宋明理学史》,汉生先生给我的几封信

1981年日本京都大学有代表团到我国古城西安访问,他们邀我到他们那里去讲中华文化,用三个月时间。我将此情况写信告诉汉生先生,他回信说这是好事,叮嘱我去了以后,要抽出时间读日本学者写的关于我国宋明理学的研究成果,也要看看台湾地区学者这方面的学术著作。汉生先生的吩咐,我是认真去做的。我在给汉生先生的多封信中,说到我看日本学者关于宋明理学撰述的情况,并加以评论。京都大学为我请了翻译,他是在日本侨居的中国福建人黄先生,他给我讲了关于日本学者研究中国宋明理学的情况。当时我也读了台湾地区学者在这方面的研究成果,并将读后感想加以归

纳，写信告诉汉生先生。我给汉生先生写的这些信函，我选择二三，于2009年收在自选集《乐此不疲集》（首都师范大学出版社，第1版）中。

我们撰写《宋明理学史》时，汉生先生给我写过不少信函，内容都与编写工作相关。如1982年7月27日，汉生先生给我的信中说：

岂之同志：

你好。夏天身体如何？为念。

夏威夷哲学讨论会，开了十天，于前日晚上回到家里。会上遇到岛田虔次先生（研究宋明理学的学者——张注），他问起你。

这一两天，因时差关系，起居颠倒，颇不适应。去的时候，倒没有这个感觉。稍过三两天，我再理一下《宋明理学史》上卷的稿子。

八月，你能来京吗？（我在西安西北大学任教——张注）我想，你如能到出版社来住，商量问题比较方便（当时汉生先生住在沙滩人民教育出版社内——张注）。不知尊意以为如何？你用一个月时间，把《宋明理学史》上卷稿子再统一遍，大概也就可以了。

听说外老（外庐先生）精神还好；有一个护士专门照拂，只是输血不甚方便，家里消毒条件不如医院。

即颂

暑祺

汉生

1982年7月27日

汉生先生的另一封来函：

岂之同志：

……你代外老写给人民出版社金春峰同志的信，复印本已给我。今日《宋明理学史》上卷全部书稿，已送交人民出版社。这样，上卷的工作是完成了,放下了一桩心事。

  祝

健康

汉生
1983 年 3 月 10 日

  还有:

岂之同志:

  最近我去南京大学,应邀讲宋明理学,大约十一月中旬回京。一年容易,又快到十二月了。《宋明理学史》下卷编写进度不甚理想。希望如期完成初稿,早些把稿子定下来,交付出版社。旷日持久至五六年才做完一项研究课题,不是很好的。

  率陈不尽,敬问

秋安

汉生
1984 年 10 月 19 日

  读者从以上信函中可以看出,汉生先生对《宋明理学史》编写工作是有严格要求的。当时,电话还没有普及,汉生先生和我交流关于《宋明理学史》的撰写工作,都是通过书信来沟通的。我也给汉生先生和参加《宋明理学史》编写工作的同志们写了不少书信。为推进编写工作,我和中国社会科学院历史研究所中国思想史研究室的黄宣民、步近智同志商量,每隔两三个月发一期《编写情况通讯》,有表扬,也有批评,督促编写组的同志们,事实证明这是很见效的。

  我曾经写过一篇文章,讲汉生先生的学术研究和甘为人梯的精神,发表于山东大学《文史哲》月刊。我将这篇文章寄给汉生先生,他于 1984 年 10 月 19 日给我来信,其中说:

《文史哲》月刊收到,读到你的大作,承奖誉,甚感盛意。在数十年中,无效劳动不少,虚度韶华,令人怅叹。唯望今后局面稳定,同志们能安定无虑,一意工作,把学术研究好好搞上去,能对人民和国家,对自己,都有很大的好处。"逝者如斯夫,不舍昼夜",川上之感,古今所同。唯锲而不舍,能有成耳。

汉生

1984 年 10 月 19 日

1992 年,汉生先生生病住院,我去看他,当时他已不能用整句说话,我只听到两个字"宋明"。我想,这或许是他要我做好《宋明理学史》一书的修订工作吧!

2017 年 9 月 19 日

《四书集注简论》与《宋明理学史》*

邱汉生先生著《四书集注简论》(以下称《简论》),1979年由中国社会科学出版社出版,当时是外庐先生、汉生先生和我主编《宋明理学史》开始撰写的前一年。《简论》的篇幅不大,全书只有201页,如果剔除其中一些在当时难以回避的"套话",如谈到"道德"就加上"封建统治思想",论及"天理"也会加上"地主阶级所谓天理",而且引用鲁迅先生在《老调子已经唱完》一文中的某些句子,如说"封建主义的影响和流毒有待批判和肃清"等。将这些套话删去,直接探讨朱熹《四书集注》一书的本来思想,就会看到《四书集注简论》有相当高的学术含量,为我们撰写《宋明理学史》一书做了准备。

一、为什么会有《大学》《中庸》《论语》《孟子》

汉生先生将此作为他论述的第一主题,其中首先是贬孟与尊孟之争,即关于《孟子》的定位。唐朝时,韩愈的道统论认为,儒学从尧、舜传到孔、孟,孟子是道统的最后一人,这是尊孟的开始。

宋代,《孟子》被列入"九经"中,此时发生了贬孟与尊孟之争,持续了一百年,直到朱熹写《读余隐之尊孟辨》才宣告结束。

还要说到《大学》与《中庸》,它们原来是《小戴礼记》中的两篇

---

* 本文刊于《华夏文化》2017年第4期。

文章。唐代,韩愈、李翱首先肯定这些文献的重要性。北宋时程颢、程颐认为这是"初学入德之门"。南宋时朱熹强调学人应首先学习《大学》,它是为学的纲领,由此才能构筑学术思想的大厦。二程、朱熹根据这样的理解,重新编定了《大学》的章次。

汉生先生在《简论》中,对二程所说《中庸》是"孔门传授心得",做了细致的分析,认为:"……朱熹不仅打出'道统'的旗号,而且公开打出'道学'的旗号,还提出孔子在'道统'中的地位是'继往圣,开来学''其功贤于尧舜'……朱熹把伪《古文尚书》里的'人心惟危,道心惟微,惟精惟一,允执厥中'十六字,奉为《中庸》所阐述的'传授心法'。"这十六字也成为理学家们对《中庸》的共同理解。

二程和朱熹都重视发挥《中庸》的义理,《二程全书·程氏经说》卷八中有一篇《中庸解》,朱熹也写了一篇《书〈中庸解〉后》,说明他是如何为《中庸》定章句的。根据汉生先生的考证,朱熹《中庸章句》主要是用他自己的话去解释《中庸》,引用其他学者的话不多。朱熹在《中庸章句》中引用吕大临的《中庸解》有五处,引二程的话有四处,算是最多的了。

《中庸》阐述中国哲学理论和人生智慧,可以说是中国古代哲学的理论结晶。

《中庸》讲中国古代哲学中的基本范畴:"天道""天地之道,可一言而尽也;其为物不贰,则其生物不测。天地之道,博也,厚也,高也,明也,悠也,久也。今夫天,斯昭昭之多,及其无穷也,日月星辰系焉,万物覆焉。今夫地,一撮土之多,及其广厚,载华岳而不重,振河海而不泄,万物载焉。今夫山,一卷石之多,及其广大,草木生之,禽兽居之,宝藏兴焉。"

《中庸》把"诚"视为天道,认为向"诚"学习,使"诚"成为人的行为准则,这就是人道。

《中庸》论"人道",大体上有四方面的内容:第一,天按照规则运行,人应该按规矩行事,不能随心所欲;第二,天道不息,相应于此,人道应当自强不息;第三,人要讲诚信,不自欺,不欺人,自尊、自信、自爱、自律;第四,人不仅要爱人,而且要爱万物,即所谓"仁民而爱物"。

《中庸》还强调说,讲诚信的君子,必须刻苦学习,而学习有五个方面:"博学之"——广博地学习;"审问之"——详细向别人请教;"慎思之"——周密地思考,不思则不得;"明辨之"——明确地辨别是非、区分善恶、美丑;"笃行之"——切实地身体力行,知行合一,不要只说不做。

依据以上的分析,可以看到,理学家们在《中庸》上多下功夫,是必要的。

二、《四书集注》的历史意义

汉生先生在《简论》一书中说:"《四书》并行,是继董仲舒建议汉武帝罢黜百家,表章六艺之后,学术思想史上的又一重大事件。董仲舒提出建议后,《五经》立于学官,成为中国封建社会千古不刊的'经书',取得了统治思想的最高地位。程、朱表章《四书》之后,《四书》风行天下后世,代替《五经》在教育中占有垄断地位。"这个论断是可以成立的。

三、朱熹不断修订《四书集注》

朱熹用毕生精力编著《四书集注》,把它纳入理学的轨道,汉生先生有这样的评价:"《四书集注》之所以要不断地修改,是由于'义理无穷',是由于要把程朱理学毫不走样地传给读者,在注解过程里,'逐字称等',一个字一个字地掂分量。所谓'义理无穷',也就是他的理学思想体系在不断发展,先前的见解为后来的见解所推翻、所补充。因此,他对《四书》的注解也要不断地随着自己思想的发展而进行修补。他之所谓'煞误看读',误不误的界限在于是否经得起用'圣人言语'来'折衷',即是否符合程朱理学思想的体系和轨辙。'圣人言语'的最高判断,即那杆理学天平的衡量,是朱熹所不敢背离的,也是朱熹认为读者所不能背离的。关键就在这里。"这正是汉生先生研究程朱理学的心得所在。

还要提到,汉生先生对程朱理学的研究,曾经下功夫探索理学与唐代中国佛教华严宗的影响。他在《简论》一书中,对这个问题进行了比较详细的阐述,认为程朱理学的最高哲学范畴是"理",明显是受中国佛教华严宗的影响,对此,汉生先生在《简论》一书中,用了相当大的篇幅来论述这个问题,读者可以仔细阅读,这里不赘述。

四、朱熹编著的书目

在撰写《宋明理学史》一书时,汉生先生亲自执笔撰写第十二章和第十三章:朱熹的理学思想(上、下),还写了朱熹的"年谱"。其中关于朱熹编著的书目,汉生先生有这样的文字表述:"朱熹编著的书籍,门类很多,《易》《诗》《书》《礼》都有。《春秋》未有成书,但是《通鉴纲目》是认为继承了《春秋》传统的,可以说也是《春秋》类的著作。《孝经刊误》也是经类。四书方面,有《四书章句集注》《四书或问》。历史方面,有《八朝名臣言行录》《伊洛渊源录》。《通鉴纲目》是一部重要的编年史著作。文学方面,除《诗集传》属经类外,有《楚辞集注》《韩文考异》。其他,如《参同契考异》,也表现了他的学术研究范围的广泛。他们编辑的《程氏遗书》《程氏外书》《上蔡语录》《近思录》;他所注解的《太极通书解》《西铭解》等,是他编辑注解北宋理学的重要著作。他还编著了《小学》。

除上述著作外,朱熹留下了《文集》一百卷、《续集》十一卷、《别集》十卷,其中保存了他的若干学术论著、讲义、政治文件、序跋、书信、诗词等。朱熹的门人九十多人记录了他的讲学问答,为《语录》多种,后人分类整理,编为《朱子语类大全》一百四十卷。"①

五、结束语

从中华思想文化史来看,在古代没有哪一个学派的思想永远占有主导地位,因时而变,因势而进,关键在于:学术思想必须与社会的进步发展同步,要有新的"活水源头"。

从中国学术思想文化史来看,1368 年明王朝建立,仍然尊奉朱熹为正宗。至明中叶崛起了与朱学相对峙的心学,以陈献章的江门之学(因其所居靠近今广东江门,故名)和王守仁的姚江之学(因其所居在浙江余姚,别名姚江,故名)为代表。这两个学派都反对朱学,强调人异于万物的认识主体性和能动性。陈献章提出:"天地我立,万化我出,宇宙在我。"(《白沙子全集》卷 2)他认为:天空如果没有人去仰视它,就发现不了它的高峻无边;大地如果没有人的劳作不息,也发现不了它的遥远广阔;世界的变化隐显,如果没有人去观

---

① 参见侯外庐、邱汉生、张岂之主编:《宋明理学史》上卷,人民出版社 1984 年版,第 379 页。

察研究、做出判断,也就发现不了其中的吉凶灾祥。按照王阳明的说法,由于人人都有"良知",人的活动才是有目的、有意识的活动,因而君子应服膺"致良知",坚持自信、自立、自得、自主,正如王阳明在诗中所说:"人人自有定盘针,万化根源总在心;却笑从前颠倒见,枝枝叶叶外头寻。"

人们研究中华学术思想史,是为了更好地认识和改造世界与自身。我国优秀传统文化,需要薪火相传、世代守护,也要与时俱进、推陈出新。

2017 年 9 月 26 日

在《宋明理学史》(修订版)首发式上的发言*

谢谢学校有关方面和西北大学出版社共同筹划今天的学术会议,举行和报道外庐先生、汉生先生和我主编的《宋明理学史》修订新版的出版发行活动。

一、为什么举行《宋明理学史》(修订版)首发仪式?

《宋明理学史》上卷1984年由人民出版社出版,下卷1987年也由人民出版社出版。此书经历近40年风雨,今天的修订版由西北大学出版社编辑出版,并发布这方面的消息,我认为这是合适的。

外庐先生是中华人民共和国成立后西北大学第一任校长,他在这里的时间不长,但他本人对此念念不忘,他和我的谈话,其中有不少是关于他在西北大学任校长时的情况和感想,归总一句话:他十分珍惜在西北大学工作几年的经历,充满美好的回忆。

《宋明理学史》另一位主编邱汉生先生虽然没有在西北大学工作过,但他对这里也有深厚的感情,我指导的第一位博士生李晓东就是由汉生先生主持答辩通过的。

经过修订的《宋明理学史》以三卷本的形式,由西北大学出版社编辑出版,是我提出并落实的。在我担任西北大学校长期间成立了

---

* 本文为2019年3月7日在西北大学举行的《宋明理学史》(修订版)首发式上的发言,刊于《华夏文化》2019年第2期。

校出版社,我在此曾兼职社长一年,留下了美好的印象。

今天召开《宋明理学史》(修订版)的首发仪式,是学校有关方面和西北大学出版社共同提出的,我个人赞成这个建议。我想借此机会纪念曾经参加《宋明理学史》编写工作的同行们,他们中不少人早已逝世,但他们的劳绩,我是不会忘记的。

我还想,今年通过举行《宋明理学史》(修订版)的首发式,可以为明年将要召开的纪念理学中关学学派创始人张载的千年诞辰做些准备。明年在陕西将要举行纪念张载千年诞辰的学术活动,他的名言"为天地立心,为生民立命,为往圣继绝学,为万世开太平",这是对中华优秀传统文化(其中包括关学)深刻而精当的理论说明。

总起来说,现在召开《宋明理学史》(修订版)的首发式,其学术的关注点并不是完全在《宋明理学史》这部书上,而是为明年纪念张载的学术研讨会预做准备。

二、为什么要对《宋明理学史》做深入的研究?

中国古代有没有哲学?中国古代有没有具有自己民族特色,即中华民族特色的哲学?

德国哲学家黑格尔(1770—1831年)在《哲学史讲演录》第一卷中认为,在中国哲学中"尚找不到哲学知识""真正的哲学是从西方开始"①,这也就是说,在黑格尔看来,中国没有西方意义上的哲学,他所说的中国思想与哲学"沦于空虚"也与事实有很大出入。英国哲学家罗素(1872—1970年)说,中国有她自身的哲学。他主要强调中国伦

---

① 〔德〕黑格尔著,贺麟、王大庆译:《哲学史讲演录》(第一卷),商务印书馆1959年版,第97页、第98页。

理探讨的积极价值和中华文明的特色与意义。

中国有哲学,有自己民族特色的哲学,这是肯定的。

中国哲学是中国思想文化中的重要组成部分。中国思想学说,包括先秦诸子学、两汉经学、魏晋玄学、隋唐佛学、宋明理学、明清实学、近代新学等。

中国古代哲学的系统性及其特色,在宋明理学中有鲜明的表现。

宋明理学有自己独特的范畴、独特的理论思维,比如,论人性就提天地之性、气质之性、刚柔善恶中。论"心"就讲心量广大,藏往知来;人心、道心之别。论"气"就有天气地质,气以成形。论"理",就讲事外无理,事理交融,一本万殊,显微无间,体用一源。论功夫就讲下学上达,格物致知,渐修顿悟,主一无适。论"行"就讲修己治人,事亲从兄。论"诚"就讲自诚明,自明诚。论宇宙就讲无极而太极,阴阳动静,万物化生。论鬼神就讲精气为物,游魂为变,讲阴阳二气之良能。

宋明理学把中国古代的理论思维和经典做了综合性研究,主要是对《易传》《中庸》的融合,也有对外来文化(如佛教)的消化吸收。

宋明理学在中国思想文化史上长达七百年之久,比西汉经学、魏晋玄学、隋唐佛学的时间都要长!这为什么?因为它探讨的问题多,思考的问题复杂。需要学者们从多方面去研究。

我国当代(指20世纪、21世纪)学者们,他们在论述自己学术思想的时候,有不少是"接着"理学讲的。如冯友兰先生(1895—1990年),他说他是接着二程、朱熹讲新理学。

三、邱汉生先生与《宋明理学史》一书

侯外庐、邱汉生先生和我主编《宋明理学史》，真正发挥了学术指导作用的是邱汉生先生。20世纪80年代，外庐先生的身体不好，已经很难进行学术指导。而我虽然是主编之一，但我主要做了编辑的工作，对来稿做一些文字上的修改等。真正从学术思想上把握方向，进行研究成果的归纳，是汉生先生。

我在《忆〈宋明理学史〉的编著》文章中有这样的话："汉生先生在《宋明理学史》的编写过程中，经常对编写组的朋友们说：我们研究宋明理学，有一个譬喻，从'看山'到'上山'，这要付出很大的精力。"

他说："譬如看山。看到前面有一座山，它际天蟠地，它高耸入云，它林木苍翠，它溪涧琤琮。我们大体对它有些了解，于是我们攀登，拾阶而上，攀悬崖，登高峰，升降流连，渡溪涉涧，越过峻坂，徜徉平冈，然后浩歌而归。……写下来，乃成为一部《山志》。这部《山志》，还是粗略的，不免有遗漏，也有失误，但总堪作揽胜之一助。……"

"揽胜之一助"，《宋明理学史》是了解中国宋明理学的一本参考书。汉生先生对《宋明理学史》一书做这样的评价，是恰当的。

《关学文库》①总序

张载,字子厚,宋凤翔郿县(今陕西眉县)人,祖籍大梁(今河南开封),宋仁宗嘉祐年间进士。张载出身于官宦之家。祖父张复在宋真宗时官至给事中,集贤院学士,死后赠司空。父亲张迪在宋仁宗时官至殿中丞、知涪州事,赠尚书都官郎中。张迪死后,张载与全家遂侨居于凤翔郿县横渠镇之南。因他曾在此聚徒讲学,世称横渠先生,他的学术思想被称为横渠之学,他所代表的学派被后人称为"关学"。张载与程颢、程颐同为北宋理学的奠基人。

"关学"基本文献整理与相关研究不仅是中国思想学术史的重要课题,也是体现陕西思想文化承传与创新的重要举措。经过四年多的努力,由刘学智、方光华教授担任主编的《关学文库》行将出版,这是关学文献整理与学术研究上的盛举,凝聚了众多老中青三代学人的心血。这项工作为推进关中思想文化的研究、培养学术后备力量、突出陕西区域文化特色做出了贡献,是值得肯定的。

作为国家"十二五"重点图书出版规划项目,《关学文库》将在西北大学出版社出版。两位主编和出版社马来社长,希望我能写些文字,作为该文库的总序。因为文库各部分均有整理者和研究者具体的前言介绍,我这里扼要地对关学、关学与程朱理学的关系、关学的思想特质、《关学文库》的整体构成等略谈几点意见,以供读者

---

① 刘学智、方光华主编:《关学文库》(47册),西北大学出版社2015年版。文字略有改动。

参考。

一、作为理学重要构成部分的关学

众所周知,宋明理学是中国儒学发展的新形态与新阶段,一般被称为新儒学。但在新儒学中,构成较为复杂。比较典型的则是程朱理学与陆王心学。南宋学者吕本中最早提到"关学"这一概念。南宋朱熹、吕祖谦编选的《近思录》较早地梳理了北宋理学发展的统绪,关学是作为理学的重要一支来做介绍的。朱熹在《伊洛渊源录》中将张载的"关学"与周敦颐的"濂学"、二程(程颢、程颐)的"洛学"并列加以考察。明初宋濂、王祎等人纂修《元史》,将宋代理学概括为"濂洛关闽"四大派别,可见关学在当时思想领域中的重要地位与影响。

根据洛学代表人物程颢、程颐以及闽学代表人物朱熹对张载关学思想的理解、评价和吸收,张载创始的关学本质上是理学。过去,我们在编写《中国思想史》第四卷、《宋明理学史》上册的时候,在关学学术旨归上曾做过探讨。

需要注意的是,张载后学,如蓝田三吕等,多归二程门下,如果拘泥门户之见,似乎张载关学发展有中断,但学术思想的传承往往较学者的理解和判断来的要复杂得多。关学,如同其他学术形态一样,也是一个源远流长、不断推陈出新的形态。

关学没有中断,它不断与程朱理学、陆王心学融合。宋元明清时期,关学的学术基本是朱子学、阳明学的传入与张载关学的融会过程。因此,由宋至清的关学,实际是关中理学的代称,它是一个动态的且具有包容性和创新性的概念,它开启了清初王船山学术的先河。

《关学文库》所遴选的作品与人物,结合已有的学术史的研究成果,如《宋元学案》《明儒学案》《关学编》(及《续编》)、《关学宗传》等,所选著作均是关中理学的典型代表,上起北宋张载,下至民国时期的刘古愚、牛兆濂,这些反映出关中理学的发展源流及其内容的丰富性、深刻性。与历史上的《关中丛书》相比,这套文库更加丰富醇纯,是对前贤整理文献思想与实践的进一步继承与发展,其学术意义不言而喻。

二、张载关学与程朱理学的关系

从佛教传入中土后,有所谓"三教合一"说,主张儒、释、道融合渗透,或称三教"会通"。唐朝初可以看到三教并举的文化现象。当历史演进到北宋时期,由于书院建立,学术思想有了更多自由交流的场所,从而促进了学人的独立思考,使他们对儒家经学笺注主义提出了怀疑,呼唤新思想的出现,于是理学应时而生。什么是理学?其主体是儒学,兼采佛、道思想,研究如何将它们融合为一个整体。从理学产生时起,不同时代有不同的理学学派。比如,在"三教融合"过程中,如何理解"气"与"理"("理"的问题是回避不开的,华严宗的"事理说"在唐代就有很大的影响)?那么,如何捍卫儒学早期关于人性善恶的基本观点,又不致只在"善"与"恶"的对立中打圈子?如何理解宇宙(天地)?宇宙与社会及个人有何关系?君子、士大夫怎样才能维护自身的价值尊严,又能坚持儒学修齐治平的准则?这些都是中国思想史中宇宙观与人生观的大问题。对于这些问题的研究和认识,不可能一开始就有统一的看法,需要在思想文化演进的历史进程中逐步加以解决。宋代理学的产生及其不同学派就是上述思想文化的历史写照,因而理学的本质是中国思想的传承创新,具有重要的历史意义。

张载关学、二程洛学、南宋时朱熹的闽学各有自己的特色。作为理学的奠基者之一,张载胸怀"为天地立心,为生民立命,为往圣继绝学,为万世开太平"①的学术抱负,在对儒学学说进行传承发展中做出了重要的理论贡献。

北宋时期,学者们重视对《周易》的研究。《易》富于哲理性,他们通过对《易》的注疏,阐述对宇宙和人生的见解,并融合佛、道,积极发挥《四书》义理,将儒家的思想提升到一个新的高度。

在张载的学术生涯中,张载与洛学的代表人物程颢、程颐等人曾有过密切的学术交往,彼此或多或少在学术思想上相互产生过一定的影响。宋仁宗嘉祐元年(1056年),张载来到京师汴京,讲授《易》学,曾与程颢一起终日切磋学术,探讨学问②。张载是二程之父程珦的表弟,为二程表叔,二程对张载的人品和学术非常敬重。通过与二程的切磋与交流,张载对自成一家之言的学术思想充满自信:"吾道自足,何事旁求!"③

因为张载与程颢、程颐之间为亲属关系,在学术上有密切的交往,关学后传不拘门户,如吕氏三兄弟吕大忠、吕大钧、吕大临,苏昞、范育、薛昌朝以及钟师道、游师雄、潘拯、李复、田腴、邵彦明、张舜民等,在张载去世后多到二程门下,继续研究学术,故关学的学术地位在学术史上常常有意无意地受到贬低甚至质疑(包括张载

---

① 《张载集·张子语录(中)》。
② 《二程集·河南程氏遗书》卷二(上)。
③ 吕大临:《横渠先生行状》。

自己的弟子和程门弟子的贬低和质疑)。事实上,在理学发展史上,张载及其关学卓越成家,具有鲜明的特点和理论建树,这是不能否定的。反过来,张载的一些观点和思想也影响了二程的思想体系,对后来的程朱学说及闽学的形成也有重要的启迪意义,这也是客观事实。

张载依据《易》建立自己的思想体系,但是,在基本点上和《易》的原有内容并不相同。他提出"虚空的气"的观点,认为没有超越"气"之上的"太极"或"理"世界,换言之,"气"不是被人创造出的产物。又由此推论出天下万物由"气"聚而成;物毁气散,复归于虚空(或"太虚")。在气聚、气散即物成物毁的运行过程中,才显示出事物的条理性。张载说:"太虚不能无气,气不能不聚而为万物,万物不能不散而为太虚,循是出入,是皆不得已而然也。"①这些观点后来极大地影响了清初大思想家王船山。

张载在《西铭》中说:"乾称父,坤称母;予兹藐焉,乃混然中处,故天地之塞吾其体,天地之帅吾其性。民,吾同胞;物,吾与也。"天地是万物和人的父母,人是天地间藐小的一物。天、地、人三者共处于宇宙之中。由于三者都是气聚之物,天地之性就是人之性,所以人类是我的同胞,万物是我的朋友,归根到底,万物与人类的本性是一致的。进而认为,人们"尊高年,所以长其长;慈孤弱,所以幼其幼。圣,其合德;贤,其秀也。凡天下疲癃、残疾、茕独、鳏寡皆吾兄弟之颠连而无告者也。"这里所表述的是相互支持、共同发展的思想。

二程思想与张载有别,他们通过对张载气本论的取舍和改造,

---

① 《正蒙》卷一。

又吸收佛教的有关思想资料,建构了"万理归于一理"的理论体系。在人性论方面,二程在张载人性论的基础上进一步深化了孟子的性善论。二程赞同张载将人性分为"天地之性"和"气质之性"。但二程认为"天地之地"是天理在人性中的体现,未受任何损害和扭曲,因而是至善无瑕的;"气质之性"是气化而生的,也叫"才",它由气禀决定,禀清气则为善,禀浊气则为恶,正因为气质之性不可避免地受到了"气"的侵蚀,因而具有恶的因素。在二程看来,善与恶的对立,实际上是"天理"与"人欲"的对立。

朱熹将张载气本论进行改造,把有关"气"的学说纳入他的天理论体系中。朱熹接受"气"生万物的思想,但与张载的气本论不同,朱熹不再将"理"看成是"气"的属性,而是"气"的本原。天理与万事万物是一种怎样的关系?朱熹关于"理一分殊"的理论回答了这一问题。他认为:"太极只是个极好至善的道理。人人有一太极,物物有一太极。"又说:"太极非是别为一物,即阴阳而在阴阳,即五行而在五行,即万物而在万物,只是一个理而已。"①"理一分殊"理论包括一理摄万理与万理归一理两个方面,这与张载思想有别,总之,宋明理学反映出儒、道、释三者融合所达到的理论高度,这一思想的融合完成于两宋时期。张载开创的关学为此做出了重要的学术思想贡献,正如清初思想家王船山所说:"张子之学,上承孔孟之志,下救来兹之失,如皎日丽天,无幽不烛,圣人复起,未有能易焉者也。"②这是符合实际的。

---

① 《朱子语类》卷九四。
② 《张子正蒙注·序记》。

三、关学的特色

关学既有深邃的理论,又重视实用;理论与行动密切结合。这可以概括为以下几个方面:

首先,学风笃实,注重践履。黄宗羲指出:"关学世有渊源,皆以躬行礼教为本。"①躬行礼教、学风朴质是关学的显著特征。受张载的影响,其弟子蓝田"三吕"也"务为实践之学,取古礼,绎成义,陈其数,而力行之"②,特别是吕大临。明代吕柟其行亦"一准之以礼"③。即使清代的关学学者王心敬、李元春、贺瑞麟等人,依然守礼不辍。

其次,崇尚气节,敦善厚行。关学学者大都注意砥砺操行,敦厚士风,具有不阿权贵、不苟于世的特点。张载曾两次被荐入京,但当发现政治理想难以实现时,毅然辞官,回归乡里,教授弟子。明代杨爵、吕柟、冯从吾等均敢于仗义执言,即使触犯龙颜,被判入狱,依旧不改初衷,体现了大义凛然的独立人格和卓异的精神风貌。清代关学大儒李二曲,在皇权面前铮铮铁骨,志操高洁。这些关学学者"穷则独善其身,达则兼善天下",体现出"富贵不能淫,贫贱不能移,威武不能屈"的"大丈夫"气节。

最后,求真求实,开放会通。关学学者大多不主一家,具有比较宽广的学术胸怀。张载善于吸收新的自然科学成果,不断充实丰富自己的儒学理论。他注意对物理、气象、生物等自然现象作客观的

---

① 《明儒学案·师说》。
② 《宋元学案·吕范诸儒学案》。
③ 《关学编》。

观察和合理的解释,具有科学精神。后世关学学者韩邦奇、冯从吾、王徵等都重视自然科学。关学学者坚持传统,但并不拘泥传统,能够因时而化,不断地融合会通学术思想,具有鲜明的开放性和包容性的特征。由张载到蓝田三吕、吕柟、冯从吾、李二曲等,这种融会贯通的学术精神得到不断传承和弘扬。

四、《关学文库》的整体构成

关学文献遗存丰厚,但是长期以来并没有得到应有的重视和整理,除少量著作如《正蒙》《泾野先生五经说》《少墟集》《元儒考略》等在清代收入《四库全书》之外,大量的著作仍以线装书的形式散存于陕西、北京、上海等地的图书馆或民间,其中有的已成孤本(如韩邦奇的《禹贡详略》、李因笃的《受祺堂文集》家藏抄本),有的已残缺不全(如南大吉的《瑞泉集》残卷,仅国家图书馆和重庆图书馆存有胶片),甚至有不少已散佚。即使去古未远的刘古愚、牛兆濂等人的著述,其流传也稀世罕见。民国时期曾有宋联奎主持编纂过《关中丛书》(邵力子题书名),但该书所收书籍涉及关中历史、地理、文学、艺术等诸多方面,内容驳杂,基本上不能算作是关学学术视野下的文献整理。

20世纪80年代后,中华书局相继出版的《张载集》《二曲集》《蓝田吕氏遗著辑校》《关学编》《正蒙合校集释》等,但是还有很多关学典籍未能得到有效的保护和系统整理。文献整理的滞后,直接影响到关学研究的深入和关学精神的弘扬,影响到对历史文化的传承和陕西文化精神的发掘。

现在经过整理出版的《关学文库》(40种,47册,2300万字)由

两部分组成:

一是文献整理类,涉及关学重要学人 29 人,关学重要文献 26 种 33 册,1860 万字。集中对关学史上重要文献进行搜求、抢救和整理(标点、校勘)。这些文献分别是(括号内是点校整理者):《张子全书》(林乐昌)、《蓝田吕氏集(上、下册)》(曹树明)、《李复集》(魏涛)、《元代关学三家集》(孙学功)、《王恕集》(张建辉、黄芸珠)、《薛敬之张舜典集》(韩星)、《马理集》(许宁、朱晓红)、《吕柟集·泾野经学文集》(刘学智)、《吕柟集·泾野先生文集(上、下册)》(米文科)、《吕柟集·泾野子内篇》(赵瑞民)、《韩邦奇集(上、中、下册)》(魏冬)、《南大吉集》(李似珍)、《杨爵集》(陈战峰)、《冯从吾集》(刘学智、孙学功)、《王徵集》(林乐昌)、《王建常集》(李明)、《王弘撰集(上、下册)》(孙学功)、《李颙集》(张波)、《李柏集》(程灵生)、《李因笃集》(刘泉、高春艳)、《王心敬集》(刘宗镐、苏鹏)、《李元春集》(王海成)、《贺瑞麟集(上、下册)》(王长坤、刘峰)、《刘光蕡集》(武占江)、《牛兆濂集》(王美凤、高华夏、牛锐)、《关学史文献辑校》(王美凤)。

二是理论研究类,共 14 种 14 册,470 万字。其中一些以"评传""研究"或"年谱"的形式,对关学重要学人进行个案研究,主要涉及眉县张载、蓝田"三吕"、长安李复、高陵吕柟、长安冯从吾、朝邑韩邦奇、周至李二曲、富平李因笃、户县(今鄠邑区)王心敬、三原刘古愚等学人,共 11 部。它们分别是(括号内是著者):《张载思想研究》(方光华、曹振明)、《张载年谱》(张波)、《吕大临评传》(陈海红)、《吕柟评传》(米文科)、《韩邦奇评传》(魏冬)、《冯从吾评传》(何睿洁)、《李颙评传》(张波)、《李柏评传》(常新)、《李因笃评传》(高春艳、袁志伟)、《王心敬评传》(刘宗镐)、《刘光蕡评传》(武占江)等。

此外,针对关学的主要理论问题与思想学术演变历程进行研究,共3部。这些著作分别是(括号内是著者)《关学精神论》(赵馥洁)、《关学思想史》(刘学智)、《关学学术编年》(王美凤、张波、刘宗镐)。

在这两部分内容中,文献整理是该丛书的重点和主体部分。

作为对关学文献的首次大规模搜集和系统整理研究,丛书主编和参与者付出了大量辛劳。他们孜孜矻矻,持之以恒,乐于奉献,以古人为己之学相互勉励,在整理研究古代文献的同时,不断锤炼学识,砥砺德行,努力追求朴实的学风和严谨的学术品格,力求做到言行统一。出版社组织专业编辑、外审专家通力合作,希望尽最大可能提高该《文库》的学术质量。但是,该《文库》书稿中的疏漏、谬误难以完全避免。希望读者朋友们在阅读使用时加以批评指正,努力使该丛书力臻完善。

2014 年 7 月 21 日

于西北大学中国思想文化研究所

在《关学文库》首发式上的发言*

各位专家、朋友、同志们：

今天大家来参加《关学文库》首发式，是对《关学文库》编辑工作的最大支持，我作为此书编辑委员会的负责人，向诸位表示衷心的感谢。

关于《关学文库》的编辑、研究情况，我在《总序》中做了介绍，篇幅不大，各位朋友都已看过。我想就《关学文库》出版发行的学术意义做一些说明，供诸位参考。

一、中国地域文化研究的重要性

2015年，袁行霈教授主编的《中国地域文化通览》34卷出版，具有重要的学术意义。

中华优秀传统文化都有地域文化的背景。早在春秋战国时期，就有齐鲁文化、三晋文化、燕赵文化、秦文化、巴蜀文化等，各有特色。经过不同地域文化间的相互交流、会通，形成了中华民族"相反而相成"的思想文化局面。要认识和传播博大精深的中华文化，需要研究它们的区域特点，以及会通并形成了绚丽多彩的"百家之学"的途径和方式等。

---

* 本文为2015年11月15日在北京举办的《关学文库》首发式上的发言。

两宋的理学一开始是以地域文化的面貌出现的。朱熹在《伊洛渊源录》中将张载的关学与周敦颐的"濂学"、二程的"洛学"并列加以考察。明初宋濂、王袆等人纂修《元史》，将宋代理学称为"濂、洛、关、闽"四大学派，它们各有特色。清初黄宗羲等撰写《明儒学案》《宋元学案》，强调不同地域文化的特点，认为如果把它们看成一个样子，"以水济水"，那就不是"学问"了。

　　中华传统文化由分到合，由异到同，反映了连绵不断、生生不息的特色。研究地域文化是必需的，"百花"中的一花"关学"自然也不可或缺。

二、编辑《关学文库》的难度

　　1984年，侯外庐、邱汉生先生和我主编的《宋明理学史》上卷出版。关于"关学"，我们是下了功夫去写的。其中有这样的话："张载的思想，在关中地区影响很大，从学者甚众，一时门生云集，颇有声势，以他为中心，形成了理学史上最大的四个学派之一——关学学派。"（第92页）

　　至于关学学派在元、明、清时期是否有所传承，在书中缺乏论述。我记得，这个问题在写书时曾经提出，终因"找资料困难"而暂搁。

　　关学文献遗存丰富，但是长期以来没有得到应有的保护和整理，除少量著作如《正蒙》《泾野先生五经说》《少墟集》《元儒考略》等在清代被收入《四库全书》之外，大量的著作仍以线装书形式散存于陕西、北京、上海等地的图书馆和民间，其中有的已成孤本。即使晚近的刘古愚、牛兆濂等人的著述，其流传也稀世罕见。民国时期曾有宋联奎主持编纂《关中丛书》，但该书所收书籍涉及关中历史、地理、文学、艺术等诸多方面，内容驳杂，基本上不能算作关学学术视野的文献整理。

20世纪70年代以来，中华书局将《张载集》《蓝田吕氏遗著辑校》《关学编（附续编）》《泾野子内篇》《二曲集》等收入理学丛书出版，又出版《正蒙合校集释》（上下册）等，但这些仅是关学文献很少的一部分。完整地梳理关学文献和学术，是需要付出心血和精力才能完成的。

关于关学，也有一些文献出版过，这些需要再加审核，使之更加完善。应当承认，这也是一项艰巨的工作。如张载的著作，1978年中华书局编辑出版《张载集》，做了不少校订、补正的工作。2012年中华书局又出版林乐昌教授的《正蒙合校集释》（上下册），用力甚深，可能是目前关于《正蒙》的最好版本。但张载还有许多著述已遗失，是否可以搜集到，那是没有把握的。

在《关学文库》项目没有上马前，有些学者已开始了关学的研究工作。早在民国十年（1921年）张骥撰述的《关学宗传》，是关学研究的一项重要成果。20世纪80年代后，陈俊民出版《张载哲学思想及关学学派》，对关学的学术源流及其思想做了系统的梳理。改革开放后，赵馥洁、方光华、刘学智教授和一批青年学子在研究关学思想内涵方面有了不少成果。研究关学虽有诸多困难，但最终被努力克服，这为出版完整的《关学文库》做了应有的准备。

三、《关学文库》介绍

2007年，陕西省新闻出版局几位同志提出编辑出版《关学文库》的设想,经过论证,得到国家新闻出版总署的支持,被列入国家"十二五"重点图书出版规划项目,由西北大学出版社承担编辑出版事宜。在陕西省新闻出版局和省人民政府参事室(文史馆)的鼎力支持下,经过近五年的努力,《关学文库》终于出版问世。

《关学文库》在2015年10月由西北大学出版社编辑出版后,11月初已陆续送到参加今天出版座谈会的专家手中。

在编辑工作进行过程中,曾经碰到不少困难。最主要的是:如何才能使《关学文库》在文献整理这项专门学问上站住脚?经过许多文献整理专家的指导、审稿,一而再、再而三地改稿,我们认为,《关学文库》可以公开问世。出版后,再征求意见,再加修订。这里,作为此书编辑委员会的负责人,我向各位文献整理方面的专家、编辑同志们表示深切的感谢。如果没有他们的帮助,我们西北大学出版社是承担不起这项任务的。

现在出版的《关学文库》由两部分组成,共40种47册,2300余万字。一是文献整理类,即对关学史的重要文献进行搜集和整理(标点、校勘),其中涉及关学学者29人,编订文献26部。为节省时间,我不介绍书名了,因在《总序》中都已提到。

还有一类,就是关于关学思想的研究。文库中的《关学学术编年》为关学学术史提供了全面的学术系年。这一类中的《关学精神论》《关学思想史》《关学学术编年》等,对关学宗旨、关学精神有系统和深入的阐述。

关学与儒学

17 世纪清朝初期中国学术史上的两大家：东南的黄宗羲与关中的李颙[*]

各位朋友、来宾们：

大家好！我争取在 20 分钟左右讲一个大题目的要点。这个题目是：《17 世纪清朝初期中国学术史上的两大家：东南的黄宗羲与关中的李颙》。请大家指正。

在我国明末清初的思想学术史上，群星璀璨，其中东南的黄宗羲与关中的李颙，特色独具，在思想文化史上具有重要的影响。

一、黄宗羲的《明儒学案》

黄宗羲的父亲黄尊素是明末惨遭宦官杀害的东林党人。江苏无锡有东林书院，书院的对联是："风声雨声读书声，声声入耳；家事国事天下事，事事关心。"东林党人是当时的读书人，他们反对明朝宦官的黑暗政治。黄宗羲在青年时期，就参与了政治活动。后来，清军南下，他在浙东组织力量进行抵抗，结果失败。在 17 世纪，明末清初，还没有条件把每个人的政治背景弄清楚，所以黄宗羲可以由政治斗争转向学术研究，其学术成就记载于中国历史中。

清朝初期，黄宗羲独自编撰《明儒学案》，所谓"学案"就是今天

---

[*] 本文系作者 2017 年 12 月 17 日在陕西省孔子学会年会"儒学与新时代"研讨会上的发言。刊于《华夏文化》2018 年第 1 期。

所说的学术流派,此书所叙述的学术人士有200多位,书中既有这些论学之士的学术观点,也有关于他们的资料汇集。

《明儒学案》最后一卷名《蕺山学案》,此学案是关于黄宗羲的老师刘宗周的学术资料和学术思想。

刘宗周(1578—1645年),山阴(即今天浙江绍兴)人,讲学于该地的蕺山,学者称他为蕺山先生。

刘宗周早年反对以魏忠贤为首的宦党,揭发明朝种种弊政。清军占领南京、杭州后,他绝食而死,其著作编为《刘子全书》《刘子全书遗编》。

刘宗周深受北宋时关学开创者张载的思想影响。张载影响了刘宗周,刘宗周又影响了黄宗羲。由此可以看到,关中与浙江绍兴虽有千里之遥,但山河挡不住思想文化的相互交流和影响。关中之学与东南之学的交融,在中国学术史上写下了光辉的篇章。

黄宗羲的《明儒学案》有其独特点。首先,它论述的不是一家的学术思想,而是明代诸家之说。关于论述一家(洛学)的学术思想,南宋时大儒朱熹的《伊洛渊源录》就是一个重要的标志。黄宗羲的《明儒学案》所论是明代诸家的思想学说。这是新的学术创造。

还有,《明儒学案》一书明确地提出了一个大问题,就是:何谓"学术"? 黄宗羲在《明儒学案》一书中给"学术"一个新的定义,称之为天下之公器,学术的价值要靠天下人来评定。不能靠君主一人判定其是非。君主所是未必是,君主所非未必非,由此引出了一场学术思想的大变革。这是黄宗羲的大贡献。后来,他草创,黄百家、全祖望补修的《宋元学案》,也反映了这种相反相成、和而不同、不主于一尊的学术观念和思想。

二、清朝初年学术思想的另一种走向

与黄宗羲处于同一个时代,"不事二姓",固守名节,同时在学术上有高深造诣和新观点的思想家,关中大儒二曲先生就是其中一位。

李颙(1627—1705年),字中孚,号二曲。早年讲学于江南,后来到关中书院讲学。他是周至(本作盩厔)人。山之曲谓之盩,水之曲谓之厔,因以为号,人称二曲先生。康熙帝于四十二年(1703年)至关中,要见李颙,李颙固辞。地方官以其著作进呈,康熙帝书写四个字"关中大儒"。后来清朝多次召见,颙以死相拒,不肯往见,在家筑一土室,日处其中,只有大学问家顾炎武来访,才肯出面交谈。

"不事二姓"等并不是二曲先生的贡献所在。他在学术上的贡献,我想,可以从以下几个方面简要论述:

1. 二曲先生是理学家,他始终尊奉理学,既接受朱熹之说,也赞同王阳明"知行合一"之说,将此二者结合。在这方面,他没有学术偏见。

2. 二曲先生和朱熹在这一点上相同:他们都认为《大学》是入学之门。《大学》曰:"大学之道,在明明德,在亲民,在止于至善。"这就是"三纲领"。接着从格物、致知、诚意、正心、修身、齐家、治国、平天下八个方面,也就是"八条目",阐述实现"三纲领"的途径。对此,朱熹有所阐释,成为《四书》入门的指导。

二曲先生没有反对朱熹的上述讲法,但他的阐释有新意,认为,"明明德"的主旨在于自信与运用,这二者不可分。有了自信,才能很好运用;在运用中才能巩固自信。

3. 二曲先生提出了自己独特的心性修养论,认为儒学中的《六经》《四书》,卷帙浩繁,但其中有一条主线,他称之为"悔过自新"。这四个字对圣君如尧、舜、禹、汤、文、武,对圣人如周公、孔子,对学术名士如朱熹、王守仁、罗汝芳等也都适用。二曲先生所说的"悔过自新"实际是一种理性的自觉。

4. 二曲先生主张学以致用。他著有《四书反身录》,此书从康熙至道光,一百四十多年间四次印刷,影响很大。它由二曲先生口述,门人王心敬记录,主要内容是发挥学以致用的观点,这对稳定清朝统治以及加强社会教化都有明显的效果。

5. 二曲先生倡导理学应当在孔门真髓上下功夫,既要明体又要适用,这样,才能像朱熹和王守仁那样,成为真儒。如果明体而不适用,则是腐儒;适用而不明体,则是俗儒,这些都不是真正的儒。二曲先生还指出,当时社会有一种"应付儒",表面尊儒,实际上都是"应付",做表面文章,装给人看,是相信不得的。

二曲先生一生不到清朝政府里去做官,但他主张儒者应当集会结社,互相交流,反对独居独学,他制订《关中书院十条》,其中对学术讨论交流的重要性做了阐述。

讲到这里,我把上面讲的归纳一下:

1. 黄宗羲提出并论述:学术是天下之公器,其是非要由天下人去解决,不能依靠君主,君主之是非是他一人的是非观,不能代表普天下的学术公论。这在明末清初是否是新思想?应当给予肯定。

2. 二曲先生一生讲学、著述不断,其中贯串的思想是"悔过自新"的理性自觉,这在明末清初是否是新思想?应当给予肯定。

三、从历史到今天

以上所讲都是历史。讲历史是为了现实,所以我想再讲几句。

2017年1月25日,中共中央办公厅、国务院办公厅印发《关于实施中华优秀传统文化传承发展工程的意见》,要求着重研究和宣传中华优秀传统文化的核心思想理念,宣传中华传统美德,发扬中华人文精神。文件提出:"把中华优秀传统文化全方位融入思想道德教育、文化知识教育、艺术体育教育、社会实践教育各环节。"文件还规定:"推动高校开设中华优秀传统文化必修课,在哲学社会科学及相关学科专业和课程中增加中华优秀传统文化的内容。"这个文件下发快一年了,需要认真地付诸实践。

我个人在教学与研究中有这样的体验:对青年朋友来说,他们头脑里积累的中华优秀传统文化越多,那么,他们越能在做人和做事上具有良好的品质和素养,越能理解并信仰中国化马克思主义,从而为中国特色社会主义贡献自己的力量。中华优秀传统文化是一个重要的基石,不可忽视。

谢谢!

关于"和谐"理念的若干思考*

首先我要感谢广东省炎黄文化研究会,两年来欧初先生等与中华炎黄文化研究会密切合作,于今年(2008年)11月在广州市召开关于建设社会主义和谐社会与和谐文化的学术研讨会。我有机会参加此盛会,感到荣幸,这里我简要地谈一两点想法,向与会的朋友们请教。

近两年来我经常想到一个问题:"和谐"是我国优秀传统文化的基本理念,在今天它又是社会主义核心价值观的要点之一,那么,历史上的"和谐"理念与现实中正在努力加以构建的社会主义和谐社会,这两者之间有什么联系,又有什么区别?为参加此次研讨会,当初我向中华炎黄文化研究会报的题目是"和谐文化的源和流",由于题目太大,恐驾驭不住,现在改为"关于'和谐'理念的若干思考"。

一

我们知道,如果没有社会公平、正义在制度上的体现和保证,就不会有真正的社会和谐。在我国古代,思想家们在"和"字问题上抒发自己的理解时,他们没有,也不可能用"公平""公正""正义"这一类属于现代法权的概念,但是他们意识到,和谐境界的实现要有一

---

* 本文收录于《"21世纪中华文化世界论坛"第五次国际学术研讨会论文集》,2008年11月22日。

个与他们所处现实不同的社会,谓之"大同",见于《礼记·礼运》。这是战国末年或秦汉之际儒家学者的著作。它认为,"大同"社会以"天下为公"为最高准绳,不同于"天下为家"的社会;还认为,在"大同"社会中,大家相爱,没有权谋欺诈和盗贼掠夺,和谐地生活而没有战争;在这个社会中,公共事务由大家来办理,可以选出人们信赖的人来担任必要的工作("选贤与能,讲信修睦")。历史证明,这只是一个理想,在我国古代文化史上它是一株没有结过果实的花朵。

由我国古代历史中可以看到,从西周时周公制礼作乐开始,古代社会的等级制度完整地建立了起来,即所谓"礼制"。随着秦、汉大一统国家的形成,皇帝及其家族成为操纵一切、大权独揽的最高统治者,乾纲独断,凌驾于所有社会等级之上。古代社会形成的"士农工商"四民,构成基本的社会群体。梁漱溟先生把这种社会结构称之为"职业分途,伦理本位"。他为了说明中国封建社会的自身特色,以"职业分途"来对应西方中古社会的阶级对立;又以"伦理本位"对应西方的个人本位。梁漱溟先生的这种概括未必完全符合中国历史实际,但他关注中国历史特点的研究,则为史学界所重视。中国封建社会并不是那么和谐一致,到处可见豪强与小民、士族与庶族、商贾与士人、缙绅与百姓之间的分野和冲突,即使在某一社会群体内部,也有不同集团的交错与争斗,这在政治上便表现为"朋党之争"和"清浊之辨",从来没有中断过。陈寅恪先生关于唐朝政治史的研究,对此曾有过精深的分析。

然而历史是复杂的,如果只见其一而排斥其他,就难以避免片面性。中国古代的统治者,他们为了自身的既得利益,希望其统治能保持稳定。一些政治家提出过多种维持社会平稳的措施,有些在实践中取得明显的成效。例如,在用人方面采用察举制,特别是科举制以后,为社会群体之间的流动变化提供了渠道,使得"官无常贵而民无终贱"在一定程度上得到实现,再加上经济上的某些措施,为社会财富的重新分配提供了一些条件。但是所有这些都不能从根本上解决封建社会的基本矛盾,走不出"改朝换代"的循环圈子。

这样的事实告诉我们:中国古代社会并不是一个和谐社会,即或是短暂的"盛世"也不能实现人们的美好理想,可见,"和谐"的社会境界必须依托公平合理的社会制度;没有制度的保证,好的理念不会成为现实。尽管如此,我国古代有远见的思想家和政治家们提出了有久远意义的"和谐"论,并采取一些行之有效的理政措施和经济政策,为当时社会的安定创造了条件。

这种状况的形成,和我国古代的思想文化有密切关系。中国封建社会,一般来说,政教分离,没有形成像西欧中世纪那样的宗教黑暗时期。当时占统治地位(主流意识形态)的是儒家的经学。它为不平等社会里的"各色人等"找到了一些平衡点。我们可以看到,皇权统治以经学为武器,而民间亦以经学作为维系社会关系(含宗法关系、人际关系等等)的价值准则。历代的官方版刻经籍、社会启蒙读本、民间乡约村规,在思想观念上都同经学有关。主要以儒家思想治天下,从西汉时武帝开始,一直延续至整个清代。西汉时有"五经",东汉时"五经"加《孝经》《论语》,成为"七经"。唐时,《礼》分为《周礼》《仪礼》《礼记》;《春秋》分为《左传》《公羊》《穀梁》,加上《周易》《尚书》《诗经》,成为"九经"。宋代,"九经"加上《论语》《孝经》《尔雅》《孟子》,成为"十三经"。儒家的经书从"五经"到"十三经",是因为社会演进的需要;社会的各个阶层都可以从其中找到自己需要的思想资料,而不致发生敌对的冲突。儒家经书既维护社会尊卑贵贱的分野,又从个人的道德修养、立身处世,到社会责任、实现理想,甚至如何调节人的喜怒哀乐,都有所论述。儒家经书所体现的包容性、伦理性、普遍性,使它成为中国封建社会最适用的教科书,钱穆先生在其《国史大纲》一书中说,从"三礼"中可以看出,"中国士人不管来自何方都有一个共同的文化""无论在哪里,'礼'是一样的""对中国人来说,文化是宇宙性的(按:指普遍性),所谓乡俗、风情和方言只代表某一地区。"也就是说,不管风俗和方言如何不同,所有中国人在"礼"的层次上是认同的,这也反映了儒家经书在维护社会安定上所起的文化作用。

还要提到,与儒家的礼、乐文化不同,我国古代的道家创始者老子论述了基于"道"的自然主义文化。他从自然界举例说,水不停息地流动,表现了强大的生命力,这表明"至柔"能够克服"至坚"。他要人们从其中得到启示:江海能容纳百川,由于它从来不自视甚高,甘愿处于卑下的地位;圣人之所以能为百姓信服,因为"圣人常无心,以百姓之心为心。"在老子看来,"至柔"哲学,即道法自然的和谐理念,是人与自然相处以及人与人相处的准则,所以他说:"上善若水。"老子又从物极必反的高度论述世人韬光养晦的哲理,以便从"无为"进到"无不为"。关于老子思想的理论贡献及其实际社会效果,任继愈先生在他九十二岁高龄时出版的著作《老子绎读》中有深刻的论述。

不仅儒、道两家,我国古代的"百家之学"(据《汉书·艺文志》说,春秋战国时代的"百家"即"十家")对古代的社会"和谐"问题都有不同程度的论述。尽管我国封建社会达不到真正和谐的境界,但是思想家、政治家们关于社会和谐的理论,包括若干超越时空的具有普世价值的理念,其中最有特色的是:我国古代和谐论,总是从事物的相反与相成角度加以论述,揭示出事物矛盾与和谐的辩证统一观。

二

我们继承中华优秀传统文化中的"和谐"理念,用来建设社会主义和谐社会与和谐文化,必须创新,不是简单地照搬过去,需要和其他两个新理念相结合,一个是"民族复兴",再一个是充分体现人文关怀的"以人为本"。

民族复兴的另一种提法是:中华民族实现社会主义现代化。我国当代史告诉我们,中国人经过几十年的艰苦探索,走过不少弯路,终于明白,只有走改革开放的道路,才能通向社会主义现代化,使中华民族走向新的辉煌。邓小平的伟大历史功绩就表现在这里。我们在改革开放的前沿城市广州市开学术研讨会,恰好是改革开放三十年,在这里可以更加深刻地感受到,从 20 世纪 70 年代末开始的改革开放事业,已经为民族复兴奠定了坚实基础。从民族复兴的历史长河来考察,改革开放的实质是为民族复兴开辟道路,改革开放本身并不是目的,建设社会主义和谐社会才是目标。

这一目标和我国历史上的"盛世"并不相同。汉、唐统治者所追求的,只是王朝的长治久安和国力强盛。今天的民族复兴所要实现的,是在丰富物质的基础上我国现代公民能拥有宪法所赋予的各种权利;有公平、平等的机会参与和谐社会的建设;有坚实有效的民主法制,为中国人的自由、全面发展创造条件;有良好的自然环境,即人与自然的和谐,从而实现民族的繁荣和发达。与此不同,我国古代的"盛世"有两个思想观念作为支撑,一个是"天朝大国"的独尊,另一个则是"华夷之辨"的古代民族观念,这些有很大的历史局限性。

我国古代文化中有丰富的"民本"思想,我们应研究并加以借鉴,但究其实它只是把"民"作为"载舟覆舟"的工具(力量),"被治者"与"治人者"处于不平等的地位,古代的"民本"思想没有也不可能在最终意义上确立"人"或"民"的主体地位。因此从"民本"进到"人本",承认并在制度上真正实现人的主体性,这才是民主法制和现代文明的基石。我们为之奋斗的民族复兴不仅不排斥个人价值和个人权利,而且要把个人权利和民族的整体生存发展融为一体。

今天的中国已经不是过去的中国,民族复兴不是简单地追求传统意义上的"盛世",而是要实现社会的深刻转变,实现现代中国人的"以人为本"的理念,正确解决社会矛盾,以促进社会和谐,这意味着中华民族向一个高度文明和高度民主社会的跨越。

三

还应当提到,民族复兴与文化复兴不可分割。文化的核心是价值观念,民族复兴的提出,反映的是人民的意愿,是中国社会的走向。这就要求我们在文化中创造关于民族复兴的价值体系,这是社会主义和谐文化的核心。文化是民族的标志、国家的"软实力",它反映着民族的内在特质和精神;没有文化复兴,就没有民族复兴的精神资源。我国的文化复兴总体上应体现在:我国现代公民对民族优秀文化有一定的理解,进而予以普遍认同;还要努力吸取全人类的优秀文化,尊重不同国家优秀文化的多样性,善于学习别人的长处,用以补充自身某些方面的不足,真正实现民族优秀文化与全人类优秀文化的有机融合,建设现代的"以人为本"的和谐文化。这种文化不是离开社会实体矛盾的口号,而是从正确解决社会面临的主要挑战中所取得的积极成果。这方面的成果积累越多,就越加能够促进社会的和谐。以上就是笔者所理解的我国文化复兴的价值体系的一般内容。

具体地说,我国文化复兴的价值体系的建立,需要把优秀传统文化的核心价值与社会主义先进文化的核心价值加以融合。那么,优秀传统文化的核心价值是什么?这就不能不进行学术研讨,以便集思广益。1997年笔者在《中华人文精神》一书中对中华优秀传统文化的核心价值精神试图做这样的表述:1. 人文化成——文明之初的创造精神;2. 刚柔相济——穷本探源的辩证精神;3. 天人之际——天人关系的艰苦探索精神;4. 厚德载物——人格养成的道德人文精神;5. 和而不同——博采众家之长的文化会通精神;6. 经世致用——以天下为己任的责任精神;7. 生生不息——中华文化在近代的丰富与发展。2007年笔者主编《中国传统文化经典语录》丛书时,与陕西省青年学人们研讨,关于中华优秀传统文化的核心理念有这样的归纳:1. 天人和谐;2. 道法自然;3. 仁者爱人;4. 自强不息;5. 厚德载物;6. 以民为本;7. 尊师重道;8. 居安思危;9. 诚实守信;10. 养生有道(对人生命的关爱和保护);11. 和而不同;12. 天下大同。上述归纳未必完善,仅尝试做一些抛砖引玉的工作。

社会主义核心价值观的精髓,可以用"富强、民主、文明、和谐"这八个字来表述,即建设富强、民主、文明、和谐的社会主义现代化国家。其中的"文明""和谐"是中华优秀传统文化的基本理念,也是中国特色社会主义的本质属性;它们从一个侧面表明了中华文化源与流的关系。中华优秀传统文化是今天中华社会主义先进文化的源;今天中华社会主义先进文化是中华优秀传统文化的流,是新的开拓与发展。源与流的结合反映出中华文化具有深邃而又常新的生命力,它像一条巨流,奔腾不息,永不衰竭。这是中华民族生生不息的动力渊源。

简论"国学热"

目前学术界对"国学"有这样那样的讨论,如"国学"的定义、范围、价值等。在民间也有一些复兴中国传统礼仪与教育的尝试和举动,国学是否是"文化复古"?这要考虑到一个重要的认识线索,在一百多年的历史发展中,"国学"总是和具体的历史文化背景联系在一起的,作为有经世致用学术传统的中国,国学的起落与社会现实紧密联系。这一次的"国学热",与20世纪80年代的"文化热"类似,都是社会经济文化综合发展的产物和反映,具有一定的历史必然性。在这种基本观点的指导下,我们对"国学"在新时期的兴起才会有一个比较客观冷静的分析。

一、关于"国学"问题

"国学"原指西周时期由政府办的学校。春秋末期,孔子创办私学,首倡"有教无类",给我们留下宝贵的教育文化遗产。当历史演进到19世纪末,西方文化与科技大量传入我国,称之为"西学",与此相对的本土文化被称为"国学"或"中学"。1919年,"五四"新文化运动的先驱者提出"打倒孔家店"的口号,但他们主要是批判"三纲",即"君为臣纲,父为子纲,夫为妻纲",与反对封建主义有着密切关联,对传统文化(包括儒家学说)并非全部否定。"三纲"的实质是宣扬封建主义的人身依附。"五四"新文化运动时期,思想要解放,首先要有独立的人格、独立的思考,因此,在当时对"三纲"的批判是必要的。

我们现在称谓的"国学",指的是中华优秀传统文化的整体,涵盖了哲学、历史、考古、文学、科技等学术领域。

中华优秀传统文化包含非常丰富的内容,表现形式也多种多样。中华传统文化的基本精神,包括"人文"精神、"自然"精神、"奇偶"精神和"会通"精神。我现在越来越意识到:人文精神是中华传统文化的灵魂。

中国古代人文精神的产生和历史的演进是同步的,文史资料中就有记载,炎黄时期就产生人文精神的萌芽,经过夏、商、周至春秋末期,人文精神才以系统而完整的理论形式出现,这要归功于大思想家、大教育家孔子,他在继承的基础上创造性地发展了人文精神,使之系统化、理论化了。

中华人文精神的特征是重视人的道德修养,主张人们通过自身的修养与学习,成为高尚的、有理想的人;重视家庭伦理在社会中的地位,希望建立"天下为公"的理想社会。这种精神培养了中华民族的美德:积极进取,坚韧不拔,敬老养老,救济孤残,勤俭持家,修身齐家治国,这些美德至今仍然是我们宝贵的精神财富。但古代的人文精神,在某些方面也被引向片面化和绝对化,比如过分地强调道德的作用而忽视制度和法治,塑造所谓"圣人",将其描绘成无所不知、无所不能的"神",从而忽视社会整体对社会发展进步所做的贡献,等等。

"自然"精神,侧重探索人与自然的关系,这在老子、庄子为代表的道家学说中表现得很充分,"道法自然"就是基本出发点,追求"天人合一"的协调。

"奇偶"精神,要求人们从"奇"和"偶"中探索自然的奥秘,寻找和把握人与自然的规律,如阴阳学说、五行学说、中庸学说、宋儒的"一分为二"学说,等等,无不渗透了"奇偶"精神。

"会通"精神体现了文化的兼和性,中华优秀传统文化不是抱残守缺、故步自封的,它勇于学习、吸收外来文化的长处,与本土文化融会贯通。如先秦诸子学说的相互对立又相互吸收,如儒、法、道的融合互补,如佛教、伊斯兰教的传入,如清末民初的西方文化的传入,证明中华优秀传统文化雍容博大。

讨论"国学",关键在于把握它的具体内涵,特别是其中的文化精神。今天,我们如果要理智而有效地研究和开展中华优秀传统文化的普及和宣传,就要具体分析这些问题。

二、王国维后无国学大师

在近期"国学热"中,还有一个问题是"国学大师"的称号。有一段时间,"国学大师"的帽子满天飞,这掩盖了一个历史事实,即"国学大师"依赖于特定的学科基础和时代背景,同时,"大师"一词虽然可以用,现当代人文社会科学领域做出卓著贡献的学者专家可以当之无愧,但还是谨慎使用比较恰当。

在我看来,"王国维之后我国无国学大师",这并不是说后人不如前人,而是提醒学人在各种炒作面前要保持治学的冷静头脑,要坚守学术岗位、维护学术尊严。王国维1927年逝世后,1927年到1937年之间,我国的人文社会科学研究的最大特点就是学科划分越来越细,研究趋于专门化,逐渐形成了一批以某一特定领域为研究方向的专家。从学术方法的变革过程来看,尽管在当时的学术研究中人们所开始尝试运用西方的学术方法,但这些尝试都是比较粗浅的。例如地质年代学、考古学、古文字学、社会学的方法都被运用到中国古代史的研究。但这些方法的运用也产生了一些流弊,一是由于中国历史比欧洲历史的上限要长,受欧洲学术观念和方法的影响,在许多学者之间弥漫一种疑古思想;二是在运用西方学术方法时,有比较强烈的主观色彩。章太炎、刘师培等人先后认识到,在结合中西学术方法的时候,也需要有所甄别和选择。章太炎甚至对西方考古学、古文字学的科学性产生怀疑,认定这些方法与中国乾嘉时期的朴学相比,还有很大的距离。因此,从学科划分和研究方法变更的角度来看,以王国维为代表的当时中国学术正处于新旧交替的过渡时期,如果具体地加以分析,这个结论庶几可以成立。比如清华大学国学院的几位导师梁启超、王国维、陈寅恪、赵元任在学术方法的继承和创新、中西融通方面都具有这个特征。当以经书为主的国学时代逐渐退出历史舞台后,"国学大师"的称号也就失去了存在的依托,而代之以某一特定领域学有专长的专家或学者。

这里,以王国维为例略作论述。

王国维(1877—1927年),浙江海宁人。1925年清华大学已经开设了国学院,胡适建议用新观点新方法"整理国故",使人们重新认识中华优秀传统文化的价值。清华大学国学院办公室主任是吴宓先生,国学修养很深,人也很忠厚,能够团结人。当时梁启超先生已经是导师了,以后又请了王国维。王国维撰写了《国学丛刊序》(见《观堂别集》),指出"国学"就是研究中华传统文化。《国学丛刊》是当时学术界同仁办的一个杂志,该序认为中学和西学"盛则俱盛""衰则俱衰"。

王国维做学问,很强调用新材料,主张"科学上的发现大多由于新材料之发现",特别是研究历史和人文科学。他将商代的甲骨文字作为史料研究商代历史,在国学研究院开设"古史新证"课程,探讨古代历史的新证据。他提出的二重证据法,即文献资料的证据与地下发掘的考古资料的证据结合起来相互比较。"二重证据法"作为一个方法论极大地影响了我国20世纪的学术的发展,特别是历史学的发展。传世的文书要和地下的材料结合,文献资料要和考古资料相结合,发现新问题进入研究,寻找新的证据。因此,王国维先生至少做出了两点突出的贡献:一是主张中学西学融合,一是注意新材料的发现和运用。

王国维肯定了近代学术方法的发展方向。他认为:"今日之时代,已入研究自由之时代,而非教权专制之时代。""异日发明光大我国之学术者,必在兼通世界学术之人,而不在一孔之陋儒。"(《王国维遗书》五《静安文集续编·奏定经学科大学文学科大学章程书后》)中国传统学术方法只有积极吸收消化西方学术方法,才能使学术研究呈现生机。可见,王国维主张在中国传统学术方法的基础上,吸收消化西方分析与综合学术方法的长处,以推进学术研究。20世纪中国人文学术大师大都在中西学术文化相融合的基础上做出了贡献。

王国维对西方分析方法的吸取主要在于实证论。他认为利用乾嘉考据法和西方学术分析方法,便可以求得历史事件的真实。他的学术研究体现出强烈的实证色彩,主张研究历史必须"以事实决事实",不能想当然,也不能以理论来硬套事实。他与日本林浩卿博士讨论《洛诰》"祼"字之义,就通过列举大量事实来证明自己的观点,并指明林浩卿利用后来儒家的理论化的解释来研究"祼"字之初义,是不正确的。(《王国维遗书》《观堂观林·再与林博士论〈洛

语〉书》)

王国维反对学者赶时髦,而主张实事求是,经独立自得的艰苦研究,去发现历史的真理。他自己的历史研究遵循着乾嘉朴学和西方实证学的严密逻辑,并且把乾嘉朴学的方法运用到新的史料根据之上。王国维考订殷先公先王,就是用卜辞与文献互相印证,材料不厌其详。如考订王恒其人其事,在卜辞三证之外,复出十四证。而一旦发现了新的证据或者旧考有误,便尽快修正,如《殷先公先王考》后又有《续考》。

可见,以王国维为代表的学人正处于现代学术体系初步确立的历史过渡时期,将他们称为国学大师是恰切的,但紧接着随着历史时代与学科体系的转变,"国学大师"也就被有卓越贡献的"专家"或"学者"一词所替代了。在王国维的研究中,也体现了中国传统学术重视义利之辨的特点。如陈寅恪所写的《王观堂先生纪念碑铭》(此碑竖立于清华大学"工"字厅南侧的高坡上):"士之读书治学,盖将以脱心志于俗谛之桎梏,真理因得以发扬。"这不能解释为为学术而学术,是指一种非个人功利性的追求真理的精神,是追求真、善、美的精神,有了这种精神,人们从事学术研究,才有激情,才有毅力。如果是从个人功利出发,那就会失去求真的勇气,而且易于为虚伪的东西所引诱。如果没有一种"明其道不计其功"的追求真理的精神,那很难在学术上有所作为。

三、对当前"国学热"的认识

当前"国学热"表现在许多方面:有少数大学办国学院,许多综合大学开设"国学概论"选课;不少大学面向社会开办研修班,其中不乏"国学讲座";媒体上纷纷开"讲坛"栏目,宣传中华文化,还有在假日为少年儿童开办的所谓国学少年班,这也都是好事。

国学热的产生不是偶然的,是文化复兴、民族复兴的需要。中国有悠久的、连绵不断的文化传统,择其优者使今人了解,适当加以宣传介绍,是必要的。人们文化生活有此需要,这正是"国学热"兴起的主要原因,应当肯定。当前,不少人文学者在关注民族优秀文化的普及工作,这也是社会的需要,是文化繁荣的表现。在尊重历史的前提下,不同风格、不同方法的普及,应当并行而不悖,相互取长补短,相互学习,才有可能使优秀传统文化的普及工作做得更好。于丹、易中天等中年学者在央视宣讲国学,学术上的问题可以进行商榷,但他们的宣讲对普及传统文化功不可没,应该肯定。

关于"国学"的议论也不少见,所谓"国学热"的主流是好的,作为开阔视野、陶冶情操、调节紧张生活的一种方式,是非常必要的,说明在我们的生活中,非常需要能真正充实我们心灵的东西。现在也有人讲"国学热"要降温,我认为不是降温、加温的问题,而是正确对待的问题,真正把优秀的东西吸取过来,就不需要降温;糟粕的东西,如宣传迷信、束缚人性、看相占卜等问题,就不是要降温,而是要曝光、消除的问题。

传统文化里确有糟粕,确有精华。"取其精华,去其糟粕",今天仍没有过时。区别传统文化中的精华和糟粕仍然是一个很重要的研究课题。很多人认为,精华和糟粕辨别起来很难,其实并不难,关键要认真开展学术研究。要引导"国学热"迈向正确的方向,就要区分思想史里面的精华与糟粕,如封建礼教的"三纲五常",实质是宣扬封建主义的人身依附。今天,在社会主义法制社会,我们要有独立的人格和法律意识,这就不能接受"三纲"思想。现代的公民需要树立平等意识、法律意识、文明意识、科学意识、民主意识、权利意识、义务意识,有利于这些意识建立的传统文化,才是我们所需要的。我们今天倡导发扬民族优秀文化,有一个标准,这就是有利于我国现代公民意识的培养。

传统文化流传至今,不可能没有负面的东西。传统文化有两个最大的缺点:缺乏实证科学和民主传统。此外,还有在长期农业经济和专制主义下形成的"国民积习"乃至"封建迷信",以庸俗价值观为核心的"处世之术"等。如果这些陈腐的东西清除不彻底,仍将是现代化的严重阻碍。因此,对于残渣泛起,以民族文化中的糟粕冒充精华、为牟取私利而打着"国学"招牌的现象和行为,应当加以曝光,使之偃旗息鼓。人们在观察问题时,不可以此支流作为主流。

儒家文化的价值核心在于孔子提出的道德理论,即孔子为"文明"制定了人们应当遵守的若干道德规范,认为人们经过学习,可以成为讲文明的君子。包括反对野蛮而赞赏文明的文野之分理论;主张人们内心和行为、内容和形式应当完美结合的文质彬彬理论;主张道德与行为"恰如其分"的中庸之道;主张胸怀宽阔、博采众家之长的和而不同理论;以及主张以生动活泼的形式进行教育的寓教于乐理论。这五个方面的原则,是中国道德伦理学说史上的伟大创造,在当前和未来的道德伦理教育中,只要用符合时代要求的内容加以充实和发展,仍然具有旺盛的生命力。

在孔子之后,孟子对中国古代道德哲学提出了深刻的见解,将孔子所提倡的执着精神进一步发挥为"威武不能屈、富贵不能淫、贫贱不能移"的"浩然正气",成为中国古代知识分子个人伦理的最高境界。这样的道德心理学堪称中国道德伦理史上的珍品,在任何时候都丢弃不得。

21世纪的发展趋势是经济全球化、文化多元化,在这个大势走向下,任何一种文化都不可能成为全球文化的主体,必然使文化呈现多元化发展态势。我想文化多元化应是另一个表现特征。同时,我们还要看到,工业文明给人类带来了幸福,也带来了不幸,比如人口增多、环境污染、现代病等种种问题,要解决这些问题,不可能只有一种良方,要靠全球的综合治理,人类需要更加健全的精神文明。从这个意义上说,中华文化中的某些部分,如重视家庭伦理价值的观点、中庸之道、重视自身修养、和谐观念和返璞归真的思想,对于医治现代工业带来的弊病都有一定的作用,都能启发人们更加实事求是地展开理论分析和社会实践。这些,可以参考我在《中国传统文化》(高等教育出版社)中的详细论述。

在21世纪,中华文化的长处将被其他民族文化所吸收。人类学家费孝通提出的"文化自觉"已经超越中西文化之异同及其融合,从更加广阔的角度,即从世界整体去探讨文化问题,说明每个国家和民族都有他们自身的文化,应当相互尊重。世界上不止一种声音、不止一种颜色,承认多样性存在,世界才能绚丽多彩,如果认为世界上只有某一种文化是优越的,不但不符合事实,而且会导致文化与人类生活的苦难。

今天,真正尊重文化的多元性,是文化自觉的起点。对于中国人来讲,一方面要继承和发扬本民族文化的优点,去掉其消极影响;另一方面也要注意吸收其他民族文化的长处,以充实和发展中华优秀传统文化。中华优秀传统文化和民族精神是宝贵的精神财富,是中华民族自立于世界民族之林的精神支柱之一,需要加以继承和发展,并与世界上的先进文化和科学精神相结合。也就是说,不能仅仅看到自己国家的过去,还应当放眼世界,从世界的广阔视野去审视我国的古代文化,以中华文化的开放和"会通"精神,学习外国的优秀文化,使中华文化具有现代普世价值,为人类文明做出新的贡献。既然我们将"国学"视同为中华优秀传统文化的整体,那么,上述分析对"国学"自然也是适用的。

略论中国传统社会政治体制与文化[*]
——读史随感

中国历史进入战国时期(前475－前221年),一种新的前所未有的政治体制从旧体制中脱胎而出,这就是以皇权为代表的中央集权制度。这种制度强调地方要服从皇室中枢。

从秦始皇统一六国至清末二千多年,中国基本上就是上述的政治体制(限于篇幅,这种体制的具体内容这里不议)。

君主集权政体,在我国漫长的传统社会中有共性,也有个性。比如,两汉时期主要实施政治、法律和思想文化的儒家化,代替了秦代的法家化。汉武帝刘彻在位54年,在他的统治下,中国以文明和富强的政治实体而闻名于世。唐代不同于两汉,与秦代也有很大差异。唐代除实行科举选拔人才外,还重视中外思想文化的交流,以及域内各民族融合所产生的政治、经济和文化的创造力,促使儒、佛、道的融合,将中华古代文化推进到一个新的高度。在两宋时期,伴随着皇权强化与选官制度的完善,以及教育上书院制的成熟,中华文化更加深入、普及。辽金元时期,政治、法律和选官制度各有特色。明代君主专制统治更加强化,而体制的弊端更加突出。至于清代,特别是1795年统一新疆后,国力更加强盛,文化传承有了进一步的发展。1840年鸦片战争以后,面对列强入侵,清朝统治逐渐失

---

[*] 本文刊于《人民日报》2013年8月1日第7版"大家手笔"栏目,题目为《把"死历史"看成"活历史"》。

去了活力与生机。1898年戊戌变法的失败,自上而下进行革新运动成为幻想。1911年终于敲响了中国君主集权制度的丧钟。

中国的君主集权制度曾经对包括皇帝在内的统治者形成过一定的制约,但成效不大。中国古代有法制,缺少法治。君主把法制作为治民治吏的一种手段,自己则凌驾于法制之上。正因为如此,同一制度体系,在不同君主手里,可以有不同的效果;一治一乱,有天壤之别,反映出人治的弊端。

中国的君主集权制度在历史上有利于维护中国多民族国家的统一和安宁,其中的科举选官制度扩展了统治集团的社会基础,为社会各类人等开辟了入仕的途径,形成了由下层社会到上层社会的政治通道,特别是科举制度将教育制度与选官制度结合为一个整体,在一定程度上保证了上层官员队伍的文化知识水平,为文化的传承发展做出了贡献。

科举制的宗旨是择优,重要的功能在防劣。有学问的人可能考中,但智力不足的人很难通过考试。还有,由于科举制以演进方式不断调整改良,基本面(考试、严格监考)不动,不会造成制度"翻烧饼"现象。后人对科举制的批评,有些未必准确,有些则是真知灼见,如顾炎武斥责准备参加科举考试的人只读范文而不读《五经》原典,是舍本逐末,这很有道理。

在中国传统社会中,君主集权制度和科举制推动了思想文化的发展。许多思想家不断探索如何治国安邦,如何提升国力,如何解决社会矛盾,如何选才用人,如何看待天人关系,如何记录历史,如何达到人与自然的和谐,如何保家卫国,如何寻找心灵的安顿处等。这些折射出中华文化传承创新的历史轨迹。

中华文化传承与史学的繁荣昌盛密切相关。春秋末期,孔子把鲁国史官所做的《春秋》整理成有独特思想的历史著作,标志着我国古代史学的开端。西汉时期大史学家司马迁创造了史学的纪传体例,写出了《史记》。东汉时史学家班固把司马迁的纪传体做了一些调整,以纪、表、志、传的体例写出《汉书》。魏晋南北朝至明末,史学成为全面记录中华文化的独立学术部门。唐至宋、元、明,每个朝代都由史学家撰写前一朝代的历史。宋代司马光的《资治通鉴》是我国第一部较为完善的编年体通史著作。明末清初至鸦片战争前,史学著作更加突出了对现实社会与文化传承的反思。我们说中国史学是中华文化生生不息的记录,这并不过分。

我们看历史,力求把"死"历史(过去的事)看成有生命的活历史,只有从多角度去研究它,我们才能够从历史中找到智慧,而有益于对现实的考察。

书院与文化会通[*]

由中国作家协会副主席、陕西白鹿书院院长陈忠实先生主持的"书院与当代中国社会"学术论坛在古城西安召开,我有机会在论坛上发表意见,参与讨论,很高兴。

一、书院与文化

书院是我国唐末以后兴起的文化教育机构。一些著名的书院形成了独特的办学风格,在研究和弘扬中华文化方面做出了重要贡献。

我国古代书院具有鲜明的办学特色与文化理念,如:

1. 书院注重教学与学术研究相结合,在中国封建社会后期,在某些有书院的地区,形成了难得的学术自由争鸣的风气。

2. 书院注重学生自修与教师指导二者的结合。

3. 优美的书院文化环境,适合学子们学习和讨论。

4. 我国宋、元、明时期文化学术的发展与书院密切相关。

例如,关于学术思想自由并不完全是后来从西方传入的,在中国书院中就有了这种理念的发端(不称"自由",而称"讲学"。有"不同"观点才会有讲学,如果看法都一致,何需讲学?),清末民初,

---

[*] 本文为2010年6月26日在"书院与当代中国社会学术论坛"(西安)上的发言要点。

西方学术思想迅速传播,使中西学术自由思想融合起来。

1929年6月3日,王国维纪念碑在清华园落成,陈寅恪先生撰写纪念碑文,其中说:"先生之著述,或有时而不章。先生之学说,或有时而可商。惟此独立之精神,自由之思想,历千万祀,与天壤而同久,共三光而永光。"其中"独立之精神,自由之思想",就与我国书院的优秀传统有密切的关系,书院也是这种学术观念的重要来源之一。

二、文化与会通

在我国关于文化研究的媒体中,目前出现最多的一个词即"包容"。作为一种文化的研究态度,"包容"自然无可厚非。但如果只是"包容",那就远远不够。我建议关注一下我国传统文化中的"会通"精神,它比"包容"更能体现中国学人对本土文化和人类文化的尊重,而且主张对文化进行分析、研究、融合、创新。"会通"一词源出于《易传·系辞上》,原文是:"圣人有以见天下之动,而观其会通,以行其典礼。"通俗地讲,"会通"也就是贯通。

书院文化从唐末起一直到南宋,经过会通之学的浸润,产生了新儒学(理学)的完整思想体系,融合儒、道、释,使中国古代思想史进入一个新的历史时期,其代表人物就是朱熹,书院为他创造新儒学提供了智力资源和交流平台,如果没有书院,甚至不会产生像朱熹这样的思想家。与朱熹的理学不同,南宋时期产生了以陆九渊为代表的"心学"思想,到明代"心学"被王守仁发扬光大。如果没有书院及书院的会通之学,也不会产生像陆九渊、王守仁这样影响深远的思想家。

当中国历史跨进 17 世纪,明末清初,朱熹和陆九渊等的思想经过历史的洗练,也已变得陈旧,其门徒中不少人学术上已无生气和活力,历史在呼唤一种新的思想体系的产生。于是,在书院会通文化影响之下,加上明末西方传教士的若干影响,在改朝换代的历史风云中,产生了既不同于程朱理学又不同于陆王心学的新思想体系,即 17 世纪中国的早期启蒙思潮。它不但会通朱、陆之学,而且力图会通自春秋以来我国的百家之学,形成自己的思想体系,具有明显的学术特色。最显著的特色就是在更高层次上对他们以前的思想进行会通,其代表人物有黄宗羲、顾炎武、王夫之等。由此看来,一部中国思想史实际上是一部不断进行学术思想会通的历史,其中书院的影响是不可否认的。

凡是用会通精神来对待文化的,按照清初思想家黄宗羲的说法,必须坚持两条:一是独立思考,"穷此心之万殊。"(《明儒学案·黄梨洲先生原序》)二是看待学术思想不能囿于一人或一家之言。这两条也是宋、元、明时期学院中学子们长期积累的经验。黄宗羲称学术为天下之"公器""公识",要由天下人来共同研究,并确定其文化价值,已不能用一人或一家之言来加以肯定或否定。他在《明儒学案·凡例》中说:"学问之道,以各人自用得着者为真,凡倚门傍户、依样画葫芦者,非流俗之士,则经生之业也。此编所列,有一偏之见,有相反之论,学者于其不同处正宜着眼理会,所谓一本而万殊也。以水济水,岂是学问!"清初,程朱理学是国家正宗思想,一切都以理学为准。黄宗羲要打破理学的独断,明代思想中有反对理学者,或在一点一滴上与理学不同者,他都不轻易放过,并将这方面的材料辑于《明儒学案》一书中,使读者真切地看到"相反之论"。

用会通精神对待文化的学者,决不会排斥外来文化,而是要着力来研究它,使之与本土文化相融合,为我所用。我国前辈学人汤用彤先生在《汉魏两晋南北朝佛教史》和《隋唐佛教史稿》中分析佛教传入中国以后,经历了三个阶段,即从形似到传神再到会通的三个阶段。在我国封建社会后期,书院宣传文化的会通精神,使中国学人对待外来文化眼光更加开阔。明末著名科学家徐光启在1631年上呈崇祯皇帝的奏折《历书总目表》中说:"臣等愚心认为:欲求超胜,必须会通;会通之前,先须翻译。"指的是:中西历法应该互相取长补短,中国人不应该囿于祖制成法,要进行革新。清初学者、思想家方以智对古今文化都有研究,不排斥西方文化,他依据自己的理解,在《物理小识》中介绍了哥白尼的天体理论。他说:"生今之世,承诸圣之表章,经群英之辩难,我得以坐集千古之智,折中其间,岂不幸乎!"(《通雅·音义杂论》)他为能够坐集古今知识而深感幸运。总之,会通精神在于能够打破学术上的门户之见,综合各家之长,开辟出一条学术的新路。

我国会通之学的优良传统需要继承、发扬,这种精神有助于我们今天的文化建设,也有助于中华文化走向世界。

我国人文学术工作者面临的一个历史责任,就是在学术研究和文化建设方面,力求做到中外贯通。在吸收外来文化方面,过去有一种提法,就是"中学为体,西学为用"。20世纪80年代,为了矫正这种提法的不足,有学者提出"西学为体,中学为用"。这两种体用关系使我们在吸收外来文化上一直存在着将中华文化与西方文化分割开来甚至对立起来的局限。今天,我们有必要清除这种体用关系的对立,真正实现民族文化与全人类优秀文化的有机融合,实现文化上的体用合一和文化会通。

陈忠实先生主持陕西白鹿书院五年,现在又举行"书院与当代中国社会"的学术论坛,提供一个合适的平台,使作家们和文化、教育方面的学者们有机会进行交流。感谢陈忠实先生和陕西白鹿书院的朋友们,你们创造了别开生面的文化论坛,让我们进行不拘一格的发言,这也许已经超出了文化交流的一般含义,而成为文化的享受。谢谢!

2010 年 6 月 21 日

儒学的现代价值

关于"马克思主义与儒学"的思考[*]

谢谢许嘉璐先生对我的邀请,使我有机会参加"马克思主义与儒学"这一重大课题的讨论。

"马克思主义与儒学"是国家社科基金特别委托项目,由山东大学儒学高等研究院与北京师范大学人文宗教高等研究院组成"马克思主义与儒学"课题组进行工作,许嘉璐先生主持这项研究。

我读了"马克思主义与儒学"研究课题论证报告,此报告写于2011年5月,至今已有十个多月。其中第八节"本课题拟突破的重点难题及创新之点",提出了思路,对如何解决本课题难点做了梳理,我读后觉得很有启发性。我的发言想对这一节提出读后的一些想法,供参考。对我们中国大陆人文学者来说,马克思主义与人文学术研究,是一个历久弥新的问题。

一、马克思主义中国化的两个重要基础

马克思主义中国化或中国化的马克思主义,立足于两个基础,一个是中国特色社会主义的实践基础,一个是中华优秀传统文化的历史基础,这两个基础缺一不可。2006年4月胡锦涛同志在美国耶

---

* 本文为2012年3月16日在北京师范大学许嘉璐先生主持的"马克思主义与儒学"学术座谈会上的发言,两个月以来笔者继续思考这个问题,有了现在的文字稿。

鲁大学的讲演,一开始就说:"科学发展的理念,是在总结中国现代化建设经验,顺应时代潮流的基础上提出来的,也是在继承中华民族优秀文化传统的基础上提出来的。"接着他对"以人为本""与时俱进""社会和谐""和平发展"等做了分析,指出:这些理念"反映了中华文明的深厚根基,又体现了时代发展的进步精神"①。

关于马克思主义与儒学,集中到一点上,就是马克思主义与中华优秀传统文化的关系。一方面,中华优秀传统文化是社会主义先进文化的深厚基础;另一方面,马克思主义是中华优秀传统文化研究的指导,这两个方面相辅相成。

今天讨论马克思主义与儒学,是在中共十七届六中全会召开以后进行的。《中共中央关于深化文化体制改革　推动社会主义文化大发展大繁荣若干重大问题的决定》(以下简称《决定》)对"文化"提出了新界说:"文化是民族的血脉,是人民的精神家园。"接着指出:"在我国五千多年文明发展历程中,各族人民紧密团结、自强不息,共同创造出源远流长、博大精深的中华文化,为中华民族发展壮大提供了强大精神力量,为人类进步作出了不可磨灭的重大贡献。"

过去,学术界熟悉的关于"文化"的界说,大多来自西方人类学。中国学者对"文化"的理解大都从它的一般意义去说明,例如,胡适在1919年发表的《新思潮的意义》一文说:"文化是一种文明所创造的生活方式。"这个定义把文化与文明联系起来,"生活方式"包含衣、食、住、行、信仰、风俗、行为等。但是它没有阐述中华文化与中华民族生衍发展的关系,未能揭示中华文化的特质。1919 年"五四"运动刚刚过去,要胡适在当时提出一个能反映中华文化特质的

---

① 中央文献研究室编:《治国与治史》,中央文献出版社 2008 年版,第 260 页。

文化定义,那是不可能的,不能苛求于前人。但是时至 2011 年,中国和平崛起,中华民族在复兴的大道上迈进,这样的现实需要有新的"文化"定义。从中共十六大到十七大,再到十七届五中全会,党中央和学术理论界的专家们一直在研究中华优秀传统文化的特质。党的十七届五中全会有一个提法,说文化是民族精神和灵魂,是国家发展和民族振兴的强大力量。到十七届六中全会,进一步将文化与民族复兴、建立民族自信心、提高民族整体素质结合起来,用精练的文字来表述,提出了"文化"的新界说,这需要我们深入思考。

由此引申出:研究马克思主义与儒学需要拓宽视野,研究中华文化 5000 多年来为什么没有中断,中华文化的强劲活力源于何处,同时在研究方法和研究手段上,不限于文献学、版本学、目录学和古文字学等传统手段与方法,也不能简单套用西方某种研究方法,而是在中国化马克思主义的指导下深入研究,在研究成果中体现中国理论、方法和风格的特色。

二、马克思主义"人学"与儒家的"人学"

研究马克思主义与儒学,需要多看它们的相通处、会通点,既体现中国化马克思主义的高度科学精神,又能反映中华优秀传统文化是中华民族的宝贵精神财富。将这二者紧密结合起来,充分显示研究的深厚功力。

儒学产生于中国古代春秋末期,已有 2500 多年的历史。马克思主义是 19 世纪马克思、恩格斯创立的无产阶级的科学世界观、科学社会主义体系,至今已有 150 多年。中国儒学与马克思主义产生于不同的历史时代、不同的国家,这两者有没有会通之点? 中共十七届六中全会的《决定》说:"中国共产党从成立之日起,就既是中华优秀传统文化的忠实传承者和弘扬者,又是中国先进文化的积极倡导者和发展者。"对上述问题做出了肯定的回答。

比如,20世纪80年代末和90年代初,我国有些学者将儒学归结为"人学",我也持有与此相同的观点,曾写过《论儒学"人学"思想体系》论文。先秦时期孔子、孟子、荀子等儒家代表人物在人禽之辨、文野之分(文明与野蛮的区分)的基础上,研究什么是"人",人如何才能成君子、圣贤,儒学认为"人"与其他动物的区别在于人讲道德,而其他动物不懂得道德是什么。在他们看来,道德并非是天上的神物,而是人人经过后天的努力学习和生活的锻炼,能够达到的标准。孔子宣传"仁者爱人",孟子倡导"人皆可以成为尧舜";荀子强调"途之人(路上的行人)皆可以为禹(治水的大禹)",强调践行道德是人的本质,主张人人皆可以成为有用之才,这是早期儒学思想的基本论点。至于儒学讲的人性,当然是抽象的人性,但对此不可全盘否定,因为这是儒学建立其思想道德学说的出发点。儒学毕竟是中国古代历史的产物,它本身不可能没有历史的局限性,实事求是地加以评述,是必要的。

马克思主义,从某种意义上说,也可以称之为"人学"。马克思在《费尔巴哈论纲》中指出:"人的本质并不是单个人所固有的抽象物,在其现实性上,它是一切社会关系的总和。"这里,马克思所说的"人",是在一定生产关系中从事着生产活动的"人",正是从这个意义上说,人是"一切社会关系的总和",从而揭示了"人"的社会本质。不仅如此,马克思的科学社会主义认为,在资本主义社会制度下,无产阶级和劳动人民不可能全面发展,只有实现社会的变革、以社会主义——共产主义来代替资本主义,人的自由全面发展的理想才能够实现。

从以上可以看到,中国儒学的"人学"是基础,主要讲的是学问道德,它的合理性是明显的;没有基础,也不会有提升发展。马克思主义的"人学"是"人"的本质以及人如何自由全面发展的学说,讲的是人的科学。科学不排斥学问道德,但学问道德不能简单地等同于科学;科学是学问道德的进一步提升,同时,它克服了以往学问道德中的某些历史的局限性。

马克思在其著作《1844年经济学—哲学手稿》中指出:"自然界却是关于人的科学的直接的对象。人的第一个对象,即人,是自然界、感性;而那些特殊的、属人的、感性的本质力量,正如它们只有在自然对象中才能得到客观的实现一样,只有在一般的关于自然界的科学中才能获得它们的自我认识。"①这里,马克思关于"人的科学"提出了两个"直接对象":自然和人,从而把"人学"界定为人与自然、人与社会、人与人之间关系及其发展规律的科学。马克思认为,人和其他动物不同,人类懂得尊重自然法则,即遵循美的法则去建造世界。

关于"人的科学"的探索,以及人与自然、人与社会、人与人之间关系的探索,早在2500多年前产生的儒学里,已提出一些具有重大理论思维意义的命题,形成了自身的体系。如果要举一个例子来看,最能说明问题的,就是中国战国末期荀子在《天论》中所阐述的"天人相分"的论点。他阐述了一个客观真理:当人从自然界分离出来,成为与自然相对的认识主体的时候(也就是认识到天人相分),人才有可能成为有智慧的人,而不是一般意义上的人;他不是自然

---

① [德]卡尔·马克思著,刘丕坤译:《1844年经济学—哲学手稿》,人民出版社1979年版,第82页。

的奴隶,而是能认识并按照自然法则去行动的人;这样的人,荀子称之为"至人",用今天的话说就是"真正的人"。可见,中国早期儒学已经在探索什么是"人",尽管他们的论证还没有完全认识人的本质,但是他们从人与自然的相互关系中,认识到人能够认识自然法则,从事农业生产活动,使人过上符合礼仪制度的生活。

由此可以看出,中国儒学关于天人关系的某些论点,在马克思的著作中被进一步提升至科学的高度,形成了科学的"人学",这是从人类理论思维发展史上去看的,至于马克思是否读过中国儒学著作则无关紧要。

还要提到,恩格斯在马克思墓前演说中指出,马克思在理论上的创造,主要是在两个方面,一个是剩余价值学说,揭示了在资本主义社会制度下,无产阶级遭受压迫、剥削的原因;再一个是唯物史观的创立。唯物史观的基本原则是:社会存在决定社会意识,但社会意识也反作用于社会存在,在一定条件下,社会意识也有可能起决定作用。唯物史观揭示了社会主义、共产主义是人类社会发展的必然趋势。唯物史观包含阶级斗争学说,但是它并不等同于阶级斗争学说。

在马克思主义唯物史观指导下研究中国传统文化,有助于我们科学地区分传统文化中的精华与糟粕,吸取前者,摒弃后者,还有助于我们深入地认识优秀传统文化在中国社会历史进程中的积极作用,同时在方法论上也给我们以启示:任何一种思想,它的产生与发展都有一定的社会存在作为它的基础,因而在唯物史观的指导下研究中国儒学,需要研究中国古代社会历史,以便在历史与逻辑的统一上做出成绩。历史的真实情况是:在中国古代思想史上,有深远影响的思想家们,他们的思想在一定的社会历史土壤和经济基础上产生,经过上层建筑若干环节的折射,形成了中华民族灿烂文化的一座座丰碑,这是民族精神的象征,是全民族的精神果实,并非只代表哪个阶级或阶层。

三、研究成果体现什么精神？

马克思主义与儒学研究应体现什么精神？

第一,体现中国古代历史上民族融合和文化会通的精神。从历史来看,中国的统一与辽阔的疆域,是中国各民族共同缔造开发的,绵延不断的文化是56个民族及其祖先在几千年发展过程中共同创造的。春秋战国时期形成的"百家之学"是中华优秀传统文化的原创性文化,其理论之宏富,论说之深刻,其相反而相成的作用,为后来中华优秀传统文化连绵不断的发展奠定了基础。秦朝的统一对中国产生了深远影响,为中华民族认同和文化认同做出了贡献,但是秦朝法网过密导致了社会矛盾的激化,成为秦朝迅速灭亡的重要原因之一。汉承秦制,并接受秦在文化上偏失的教训,倡导儒家思想学说,又有丝绸之路的开辟,为汉代国力强盛与文化软实力的提升提供了有力的保证。隋唐时期的民族融合、人口迁徙与民族间的文化交流促进了文明的全面进步。宋明时期儒学有了新的更大的发展,力图构建融通天、地、人的理论,使中华民族的理论思维达到一个新的境界。这些文化成果都是中华民族融合与文化交流结出的丰硕果实。

今天我国建设民族共有精神家园,这是古代优秀思想文化的传承与发展,也是社会主义先进文化的重要组成部分。

第二,体现关于中华优秀传统文化核心理念精神。这是中华优秀传统文化的血脉、民族精神的集中体现,如:天人和谐、自强不息、以民为本、居安思危、道法自然、诚实守信、厚德载物、仁者爱人、尊师重道、和而不同、日新月异、天下大同等,这些理念是马克思主义与儒学这个总课题中的联结点、亮点。在今天研究马克思主义与儒学,从某种意义上说,也就是研究上述理念的发展历史。当这些理念得到深刻的理论阐述,就能体现出学人们在马克思主义指导下,在中华优秀传统文化的研究实践中取得了丰硕的成果。

最后,我想说的是,中华文化走向世界,在今天已经不是一个理想,而成为我国学术文化工作者的重大责任。让世界了解中华文化,最重要的是,准确地向世界介绍中华文化的核心理念,这比介绍具体的文化形态要困难得多。中华优秀传统文化中的一些核心理念和西方文化并不相同,通过对话与交流,使中西文化相互比较,相互补充,以维护并推进人类文化的多样性。而文化多样性则是文化得以进步和发展的主要动力,这是一项繁重而必须要做好的工作。"马克思主义与儒学"这个重大课题做好了,也标志着为中华文化走向世界提供了一个范本。

2012 年 3 月—5 月

儒学与中华历史及世界
——纪念孔子诞辰 2565 周年*

尊敬的学者朋友、来宾们：

今年是孔子诞辰 2565 年。中国国际儒学联合会在北京举行学术研讨会，为我们创造了以文会友的好机会。

我向学术研讨会提交的论文是：《孔子儒学的价值理念与精神追求》，文字太长，不适合在会上宣读。我想以《儒学与中华历史及世界》为题，做简短发言，请指正。

一、春秋战国时期的"百家争鸣"

中国从原始社会走向文明社会，有一个重要的特色：保留了氏族血缘传统，它反映于中华文化的各个方面，形成了天下之本在国、国之本在"家"的理念。

公元前 11 世纪，在渭水流域发展起来的周人灭掉殷商，建立了周朝。周人提出"德"和"孝"伦理观，作为当时礼、乐文明的核心理念。

春秋战国之际，以鲁国为中心出现了私学学派——儒家和墨家。儒家开创者孔子，是春秋末期的大思想家和教育家。墨子创立

---

* 本文为 2014 年 9 月 24 日纪念孔子诞辰 2565 周年国际学术研讨会暨国际儒学联合会第五届会员大会的大会发言稿。

了墨家学派。在儒墨之后,出现兼采儒墨而又批评儒墨的道家,春秋末期的老子是道家最早的代表。

战国时代,中国古代土地私有制有所发展,土地兼并和劳动力争夺相当剧烈。在这样的社会变动中,"士"阶层活跃起来。他们中有些人从贵族中分化出来,有些则出身于平民。"士"享有参与政治的权利,有一部分人专门从事学术活动。他们受到各国执政者的重视。这样的社会条件促进了战国时期学术思想的繁荣发展。

最早用"家"即学派来称呼诸子百家学说的是司马迁的父亲司马谈,《史记·太史公自序》介绍了司马谈《论六家要旨》,"六家"即阴阳家、儒家、墨家、名家、法家、道德家。《史记》一书高度评价孔子,称他为"至圣",列入"世家",又为孔子弟子们书写列传。司马迁笔下的孔子是一位对中华文化传承和发展做出了重大贡献的圣者——两千多年来中华历史和中华文化史证明这个论断准确无误。

东汉时文献整理大家刘向、刘歆父子以及史学家班固认为,先秦时期的思想学派有十家,除司马谈所谈六家外,还有农家、杂家、纵横家,至于在街头巷尾说故事的"小说家"是否够格称为"家",则有疑义。"十家"号称"百家",对中华文化产生了深远影响。

二、"罢黜百家,独尊儒术"经历了 200 余年才定型

公元前 221 年秦始皇统一六国,建立了以皇权为核心的中央集权制,十几年而亡。汉并天下后,经过几十年的多次战争,地方分裂势力基本肃清,而楚文化、秦文化、齐鲁文化等大体上走过汇合的历史过程。此时,春秋公羊学派经学大师董仲舒三次向汉武帝上书,建议罢黜百家,独尊儒术。

建元五年(前136年)汉武帝立五经博士,随之而来的是学习儒学成为汉王朝教育文化的大事。东汉时出现了一些专门传授儒家经典的名师。《后汉书·儒林列传下》记载,有些经学大师授徒讲学,听者往往多至万人,可见研究儒家经典蔚然成风。

如何理解儒家经典?有经古文、今文之争,又有所谓"谶纬"的影响。所谓"谶",是以诡语托为天命的预言,有时附有图录,故又称为图谶。纬,是与经相对而得名,托名孔子(实际上与孔子无关),以诡语解经。

由于对儒家经典的各种不同的理解,东汉章帝建初四年(79年)在京师洛阳白虎观举行了一次讨论儒学经义的会议,制定朝廷对经书的统一解释,史称白虎观会议,由章帝亲自裁决。会后史学家班固整理成书,即《白虎通》,也称《白虎通义》,将儒学经义解说统一起来,以"三纲五常"①作为核心理念。此时距离汉武帝立"五经博士"已有200余年。可见,"罢黜百家,独尊儒术"并非一朝一夕之事。

中国传统社会,占统治地位的是儒家的经学,它为尊卑贵贱分野的社会找到一些平衡点。皇权统治以"三纲五常"为准绳,而民间亦以此作为维系社会关系(宗法关系、人际关系等)的价值准则。历代的官方版刻经籍、社会启蒙读本、民间乡约村规、家训、家谱都以"三纲五常"为准则,这使儒学普及到社会的各个阶层,取得了明显成效。

---

① 三纲五常:君为臣纲、父为子纲、夫为妻纲,谓之三纲。仁、义、礼、智、信为五常。

三、"新儒家"(理学)反映中华文化博采众家之长的文化会通精神

唐朝建立后,太宗因儒学经书章句注疏不同,命孔颖达等人撰《五经正义》。唐高宗永徽四年(653年)颁行全国。至唐代中期,《五经正义》影响逐渐减弱,主要不是此书的立论,而由于时势所造成,统治阶层热衷于佛教和道教。中华历史上没有出现第二次"罢黜百家,独尊儒术"。

唐"安史之乱"后,文人学士们在坚守儒学的同时,广泛吸收佛教和道教思想①。他们居庙堂之高讲修齐治平,处江湖之远则"栖心释梵,浪迹老庄"②。近世学者陈寅恪指出:"南北朝时,即有儒释道三教之目,至李唐之世,遂成固定之制度。如国家有庆典,则召集三教之学士,讲论于殿廷,是其一例。故自晋至今,言中国之思想,可以儒释道三教代表之"③。

北宋时期,思想界崛起一代新儒生,他们是:周敦颐、张载、程颢、程颐、邵雍、司马光、吕大临等,南宋时又有朱熹、陆九渊、杨万里、陈淳等。他们以传统的儒学作为思想的基本准则,对佛、道教思

---

① 佛教:两汉之际,印度佛教传入中国。唐太宗时,玄奘西行去印度取经,历时十数年。玄奘回到长安后,主持对佛经的翻译,此后加深了佛教对中华文化的影响。道教:东汉初期,出现早期道教,产生了道教的两个派别。唐朝、北宋时道教盛极一时。

② 〔唐〕白居易撰,顾学颉校点:《白居易集》卷三十五《病中诗十五首并序》,中华书局1979年版,第787页。

③ 陈寅恪著,陈美延编:《金明馆丛稿二编》,生活·读书·新知三联书店2001年版,第283页。

想吸取其理论思维成果,创立了新儒学的思想体系,即理学。

北宋时有皇帝把《大学》《中庸》(《礼记》中的两篇)择出让臣下阅读、体会、发扬,认为这样才能振兴儒学。同时,宋统治者也重视佛教经典,太祖开宝四年(971年)开始刻印《大藏经》。儒、佛、道会通融合,为理学奠基与创立准备了条件。北宋理学家程颢、程颐专门研究《论语》《孟子》《大学》《中庸》,提炼出"天理"理念,形成宋代理学。至南宋时朱熹集理学之大成,以近40年时间撰《四书章句集注》,将三教①统一在以儒学为主的思想体系里,影响了元、明、清三代。

这里不能不提到:在"新儒学"中,构成较为复杂,学界以往对其中的"关学"关注较少。南宋学者吕本中最早提到"关学"这一概念。南宋朱熹、吕祖谦编选的《近思录》较早地梳理了北宋理学发展的统绪,关学是作为理学的一支来介绍的。朱熹在《伊洛渊源录》中将张载的"关学"与周敦颐的"濂学"、二程的"洛学"并列加以考察。明初宋濂、王祎等人纂修《元史》,将宋代理学概括为"濂洛关闽"四大派别。可见关学在当时思想文化领域中的重要地位。

我们在编写《宋明理学史》上册②的时候,在关学学术旨归上曾做过探讨和争论,可是没有对关学的全程做出细致的分析。

从历史来看,关学没有中断过,所谓关学是指由北宋时张载在今陕西关中开创的理学学派。完整地研究关中理学,是研究中国思想史,特别是宋明理学中的一个重要课题。近四年来,以陕西关中学者为主对关中理学进行了梳理、研究,即将完成《关学文库》丛书。

---

① 所谓"三教"是通常用法,儒是教化,而佛、道才是宗教。

② 侯外庐、邱汉生、张岂之主编:《宋明理学史》上册,人民出版社1984年版。

《关学文库》由两部分组成：一是文献整理类，即对关学史上重要文献进行搜求和整理（标点、校勘），二是理论研究类，对关学整理和重要学人进行个案与综合研究。总名《关学文库》，2000余万字，将于今年年底前分批出版。

四、儒学与世界

中国近代历史经历了百余年的民族危机与艰苦考验，饱受世界列强的欺凌和宰割，但没有被任何一个侵略者吞并。中国数十个民族，以汉族为主体，凝聚团结，抗敌御侮，保家卫国，为国家民族的自由、独立、解放而奋斗。精诚所至，金石为开，终于使国家站立了起来。民族奋发图强的精神动力源于何处？归根到底来自包括儒学在内的中华优秀传统文化。由此人们做出这样的判断：中华优秀传统文化是中华儿女安身立命之所。外来的革命学说——马克思主义，与中国国情和优秀传统文化结合，在中华大地上产生了巨大的正能量。

从世界史可以看到，儒学对世界的文明进步有重大贡献。对东亚国家来说是如此，对于西方社会也是如此。儒学对我们近邻的韩国与日本文化的影响举世皆知，对东南亚各国的影响也不可否认。对于西方社会来说，比如，18世纪法国启蒙思想家伏尔泰、狄德罗、卢梭等都受过儒学影响。法国思想家伏尔泰对孔子与儒学推崇备至，他认为，在奉行儒学的中国社会中有真正的信仰自由，政府只管社会的风化，却不会规定民间的宗教信仰。中国人用自身的道德伦理来协调人间的事务，具有明显的进步意义。伏尔泰甚至将"己所不欲，勿施于人"写入法国最早的《人权和公民权宣言》中。狄德罗认为,儒学为主体的中国文化,在历史、艺术、智慧以及哲学趣味等方面都远远优于其他民族。由此可见,儒学对18世纪的启蒙运动是有贡献的。德国哲学家莱布尼茨反对"自然法仅仅来源于上帝的意志",他注意到了中国的儒学,甚至认为朱熹的哲学与他的多元宇宙概念有很大的相似性。20世纪,英国哲学家罗素认为,儒学具有入世、平实以及中庸的精神,是值得西方文化借鉴的重要品质。不仅如此,从社会变革层面看,中国的造纸术、火药、印刷术、指南针四大发明催生了欧洲资产阶级和文艺复兴运动。

为什么中华儒学有如此巨大的能量?我想,这只有从儒学本身去找原因。

中华诸子百家之学中的儒学归根到底不是神学,而是以"人"为核心的道德文化,以"人本"为经纬的政治伦理学说。儒学宣传如何做人,做有道德、有理想、有担当的"君子";与人讲诚信友善,讲互相尊重,讲"己所不欲、勿施于人",讲人们只要努力践行,即可达到成圣成贤的目标。

儒学本身不是宗教,而是一种行之有效的道德教化,它和宗教可以并存,能够吸取佛、道宗教中的某些优质,加以改造(不是原封不动地搬来),使自身更加丰厚。

儒学是讲爱心的文化,从"亲亲"到"泛爱众而亲仁"。儒学的哲学探讨"天道"与"人道"的关系,简称"天人之学",最高人生境界则是"天人合一"。这是中华古代农耕文化的折射,也包含有关注生态文明的因子。

儒学为"君子"树立了认识论标准,这就是排除极端,践行"中庸"之道,反对"过"与"不及"。儒学讲"王道",反对"霸道",在社会观上倡导和平、和谐。

儒学不是封闭的文化学说,它主张"和而不同",倡导博采众家之长的文化会通精神。儒学重视教育,相信人们经过教育和自身努力,都可以成才;它不是少数天才的文化,而是中华民族整体的思想文化。

儒学也有它自身的历史局限性。在社会制度上,古代的儒学始终没有能够解决皇权体制的人治本质与制度规范的法治要求之间的矛盾。皇权只是把法制作为自己治民治吏的一种手段,自己则凌驾于法制之上。中国传统社会的这一根本缺陷,中华历史上有些儒者也有过论述,但没有力量加以匡正。

儒学这一丰厚的思想文化遗产,我们需要传承、发展。至于儒学与西方思想文化的关系,这个重要的学术问题需要继续探讨。在20世纪80年代中期至90年代中期,中国国际儒学联合会曾经做过很有意义的工作,这就是:中国学者到欧洲去,与那里的学者研讨儒学与西方思想的关系。笔者记得,中国学术代表团多次去西德进行学术交流。既有会议形式,也有个别人之间的交流。至于20世纪中叶以后,直到今天,中国国际儒学联合会和外国学者有哪些交流,笔者不甚了解。还要提到,这不是由中国国际儒学联合会组织领导的,而是由原中华炎黄文化研究会会长费孝通先生主持领导的,主要研究中华文化(含儒学)与西方文化的关系。20世纪90年代,这种比较研究曾在香港、澳门举行过多次,参加者反响很好。

由此我想提点建议:中国国际儒学联合会需要继续在世界范围内开展儒学研究、交流,其中不可缺的一个环节就是:当今国际形势下,儒学与西方思想如何相处?

讲到这里,我想起习近平主席于2014年3月27日在联合国教科文组织总部的讲话中说:"历史告诉我们,只有交流互鉴,一种文明才能充满生命力。只要秉持包容精神,就不存在什么'文明冲突',就可以实现文明和谐。这就是中国人常说的'萝卜青菜,各有所爱'。"

我有机会参加今年举行的纪念孔子诞辰 2565 周年国际学术研讨会暨国际儒学联合会第五届会员大会,十分高兴。谨祝此次会议圆满成功。

2014 年 8 月 29 日

传统文化独特的自我创新之路[*]

国家主席习近平在纪念孔子诞辰 2565 周年国际学术研讨会暨国际儒学联合会第五届会员大会开幕式上曾说,中华传统文化,尤其是作为其核心的思想文化的形成和发展,在 2000 多年之久的历史过程中,具有这样几个特点:一是儒家思想和中国历史上存在的其他学说既对立又统一;二是儒家思想和中国历史上存在的其他学说都是与时俱进的;三是儒家思想和中国历史上存在的其他学说都坚持经世致用的原则。这些说明了中华传统文化具有独特的自我创新之路。

不同学派的"相反而相成"

春秋战国这 500 年左右,是中国古代历史发生剧变的时期,也是从血缘宗法社会向统一的传统社会的发展时期。当时产生了丰富多彩的"诸子学",有儒家、道家、阴阳家、法家、名家、墨家、纵横家、杂家、农家、小说家。各个学派的思想相互争辩,又相互借鉴,形成了"百家争鸣"的学术繁荣局面。东汉时期史学家班固在《汉书·艺文志》中说,不同的思想学派"相反而相成"。

举一例来看:春秋战国时期,道家主张"天而不人",要人们向大

---

[*] 原文刊于 2014 年 12 月 22 日《光明日报》,《新华文摘》2015 年第 5 期转载。

自然回归。儒家荀子批评这个主张是"蔽于天而不知人"。儒家认为,仁义道德是天地万物的普遍法则。道家批评说,儒家这个观点狂妄无知。庄子举例说,毛嫱、西施是人见人爱的美女,但鸟类看了都会高飞而去,鱼儿见了会沉溺水底,可见人的审美标准不能为鸟类鱼类认同;又如人喜欢住在华美的屋子里,泥鳅却要生活在污泥里,而猿猴却喜欢栖身于树林中,可见人们居住需求不能为动物界认同。如此类推,怎么能说仁义道德是天地万物的普遍法则呢?

可见,道家和儒家有许多不同的观点,但是儒家也看到道家在"天道"探索中所取得的理论成果,认识到在知人的时候不可不知天,因而也从理论上努力为儒家学说提供"天道"依据,在这个方面,子思、孟子取得了很大成就。而道家在批评儒家夸大"人"的作用的同时,也意识到儒家的理论成就,在战国中晚期,道家的后学、即秦汉之际的道家,就试图调和道家自然天道观与儒家道德教化的矛盾,吸取儒家关于人的认识学说的某些成果,如《吕氏春秋》一书就体现了融会儒道思想的特色。

中国古代思想学说"相反而相成",才有了长远的生命力。

这里,有必要介绍孔子"和而不同"的文化观。

春秋时期,"和"与"同"的区分是很清楚的。晏子曾对齐景公说,"和"就像八音的和谐,一定要有高低、长短、徐疾等各种不同的声调,才能组成一首完整和谐的乐曲。

孔子丰富了"和"与"同"的概念。他的论点是:"君子和而不同,小人同而不和。"这就是说,君子以"和"为准则,听取各种不同的声音,独立思考,加以判断。

"和"不是争,而是在相互影响中使事物得到发展。"百家争鸣"是"和而不同"的具体表现,包含有百家相助相长的内容。如,中国古代出现了完整的关于"大同"社会的理想,见于《礼记·礼运》。这是战国末年或秦汉之际儒家学者的著作,其中关于"大同"社会有一段具体地描述:

"大同"社会以"天下为公"为最高准绳,不同于"天下为家"的社会。在"大同"社会中,社会财富不是私人所藏有的,而是为大家所共同享有的。在"大同"社会中,人人都要为全体利益而劳动。在"大同"社会中,育幼、养老都会得到很好的安排,能劳动的人从事劳动,而失去劳动条件的人则由集体供养。

在"大同"社会中,大家相爱,没有权谋欺诈和盗贼掠夺,和平地生活,没有战争。

在"大同"社会中,公共事务由大家来办理,在分工上可以选出人们信赖的人担任必要的工作。

《礼记·礼运》还说,在禹、汤、文王、武王、成王、周公时期,社会并非"大同",而是"小康"时代,由小康才能进入大同。

这样的"大同"理想,不但继承了早期儒家思想,而且在不少地方也继承了墨家思想。例如,"选贤举能"和"尚贤"原则相似,"老有所终"一段又相似于《墨子·兼爱》中的一节,甚至"大同"这一名称也可能从墨家所说"尚同"沿袭而来。同时,《礼记·礼运》有些地方也受了老子思想的影响,如称"大同"世界为"大道之行",而"大道"则是道家的术语。可以说,"大同"理想主要来源于儒家,同时也吸收了墨家和道家的某些思想,而非一家之专利,是"和而不同"文化观的体现。正因为有这种观念和精神,中华优秀传统文化才能够生生不息、连绵不断。

儒学是与时俱进的思想学说

儒学和中国历史上其他思想学说都是与时俱进的。有些学说由于各种复杂的原因，未能传承下来，如墨家。还有的已融合于其他思想，如阴阳家。这里，我以在中国思想文化史上占主导地位的儒学为例来做具体的阐释。

孔子是春秋时期鲁国昌平陬邑（今山东省曲阜市东南）人。他创立的学派称为儒学或儒家。何谓"儒"？商代，"儒"是对主持祭祀人员的称谓。春秋时期，"儒"成为以传统礼仪知识谋生的人。孔子是一位学问渊博、道德高尚的"儒"。他精通"六艺"即礼、乐、射（射箭）、御（驾车）、书、数，他研究整理了西周时期的重要文献：《诗》《书》《礼》《乐》《周易》和《春秋》。后因《乐经》佚失，这些经典被称为"五经"。

在孔子所处的春秋末期，西周以来的旧礼制难以继续维持下去，对此孔子在感情上并不认同，但是他以自己的实际行动，办起了"私学"，主张"有教无类"：不论是贵族或平民，也不论出身何处，都可以到他的私学来学习。由此可见，孔子选定了一条路，就是用教育和文化去改造社会的道路。

孔子逝世后，弟子门人将其言论加以整理、订正，编纂成书，称为《论语》，它已成为中华传统文化中的重要经典。在思想上，孔子有三个重要的理念，即：1."道"：人生目标、理想，孔子说："朝闻道，夕死可矣""士志于道""君子忧道不忧贫"等。2."仁"，即爱人，由亲亲扩展到爱大众，进一步主张"己欲立而立人，己欲达而达人。"这是孔子的核心理念。3.礼与乐，孔子认为这是社会和谐的基石。

西汉时期大史学家司马迁写的《史记》将孔子列为"世家",对孔子身世做了详细记载,并写了赞语:"太史公曰:《诗》有之'高山仰止,景行行止'。虽不能至,然心向往之。……孔子布衣,传十余世,学者宗之。自天子至王侯,中国言'六艺'者折中于夫子,可谓至圣矣。"《史记》还写了孔子弟子们的列传。

战国时儒学分为八派,其中有两派影响最大:一是子思、孟子学派,即思孟学派;一是荀子学派。

孟子主张治国者应实行"仁政",具体说,就是要让农民有一定的财产权,征税要有限度,使农民生活改善,倡导"民贵君轻"的民本思想。孟子还从哲学理论的高度论述人不同于其他动物。人与生俱来就有恻隐之心、羞恶之心、辞让之心、是非之心,经过后天的学习与葆养,将这些人性中的善良潜质加以发扬,形成君子必须具有的仁、义、礼、智四性。在孟子看来,人与其他动物的区别在于人有道德操行,即道德自觉,而其他动物没有。孟子还提出"大丈夫"的概念:"富贵不能淫,贫贱不能移,威武不能屈。"君子身处富贵温柔之乡,不能丧失志向;身处贫贱困苦之地,不能改变人格;身处强暴威胁之时,不能丢掉气节,这才是真正的"大丈夫"。这些已成为中华民族精神家园中的宝贵财富。战国末年,以荀子为代表的儒家学派,主张吸收法家的若干思想,提倡德治与法治二者相结合,这影响了后来中国封建社会治国理政的思想。

当中国历史演进到汉武帝时期,经济发展,国力强盛。武帝接受大儒董仲舒的建议,在思想文化上"罢黜百家,独尊儒术",力求使政治、经济和思想文化很好地结合起来,以巩固统一的多民族国家。

我们从中国历史中看到:儒学真正成为国家的主流意识形态,是逐步实现的,并非一蹴而就。历史情况是这样:公元前136年汉武帝设立五经博士,鼓励读书人深入研究儒家经学。经学是解释和阐述儒家经典的学问。在经学建立的过程中,遇到的问题是:"五经"用汉代和汉代以前的文字写成,有所不同,于是有了经今古文之争,士大夫各自引经据典,争论不休。还有,当时在汉代流行的一些神学迷信也影响了人们对"五经"的理解。再有,解释儒家的经书,从其中要提炼出怎样的理念?以上的问题不解决,很难使儒学真正成为国家的主流意识形态。这种情况一直延续至东汉章帝时才得到解决。汉章帝建初四年(79年)在京师洛阳白虎观召开了一次儒家经学的会议,皇帝亲自裁决,统一对经书的理解,规定对经书的阐述都必须贯穿"三纲五常"的核心理念。所谓"三纲"是指:君为臣纲,父为子纲,夫为妻纲。"五常"即仁、义、礼、智、信。

孔子没有讲过谁为纲的问题,他只是说做君的要像做君的样子,为父的要像为父的样子,为人子要像儿子那样。但"三纲"并非如此,它反映了封建宗法制度的特质,"三纲"的君臣关系是政治关系,父子、夫妻是血缘关系,师长、朋友从属于政治关系和血缘关系。对封建宗法制度来说,"三纲说"确实抓住了最基本的原则,以君权和父权稳定统治秩序,这种人身依附的关系体现了封建宗法制度的本质特征。"三纲"适合于中国的传统封建制社会,不适用于今天。

从中国历史可以看到,由于封建社会的需要,西汉时有"五经",东汉时"五经"加上《孝经》《论语》,成为"七经",唐朝为"九经",宋代为"十三经"。在中国封建社会中,皇权统治以经学为武器,而民间也以经学作为维系社会关系的价值准则。历代的官方版刻经籍、社会启蒙读本、民间乡约村规、家规家教等都同经学有关,反映出主要以儒家思想治理天下的状况。

唐代,唐太宗李世民认为对儒家经书的解释不统一,命大臣撰

《五经正义》。这部书没有达到预想的目的。因为时势不同,东汉初从印度传来的佛教已有数百年的历史,佛教与儒学的关系成为统治阶层和文人学士共同关心的问题。还有,东汉初形成的中国土生土长的宗教——道教,在唐代也有很大影响。唐代不可能再出现罢黜百家、独尊儒术的文化局面。

中华文化善于研究、改造、吸收外来文化,并非简单的排斥。唐代统治阶层中有人相信佛教和道教。许多文人学士坚守儒学主旨,但认为应吸收佛、道中的某些理论观点,以充实儒学。

从唐代开始,到北宋时形成理学,南宋时理学体系进一步完善,"三教合一"真正定型。所谓"三教合一",佛教、道教是宗教,儒学并非宗教,而是一种有效的教化,"以文载道,以文化人"。

"经世致用"的丰富内涵

"经世致用"是中国古代思想文化的重要特征之一。

"经世致用"指高尚的情操、境界,一种博大的胸怀。

"经世致用"把国家和民族与个人联系在一起,表现为民族气节和操守。维护中华民族的尊严,反对压迫、掠夺和侵扰,这是中国古代爱国主义的标志。

西汉统一多民族国家的"国格"观念,与"经世致用"联系在一起。如董仲舒倡导"无辱宗庙,无羞社稷",强调"君子生以辱,不如死以荣"。史学家司马迁将"国"放在首位,称赞"先国家之急而后私仇"的观点。汉武帝时苏武出使匈奴,19年受尽折磨而不改其志,始终坚持民族气节,留名青史。中国古代的爱国主义,往往和"忠君"相联系,对此我们应进行具体分析,不可由此而否定中国古代的爱国主义。

中国思想文化史告诉我们：做人和做学问这二者应当统一，而前者比后者更加重要。将学问用在匡时济世上，首先要有高尚的人品，要有气节和操守，特别是在国家民族的大节上，不容许有污点。如果做不到，所谓"经世致用"就失去了灵魂。因此，在中华传统文化中，"经世致用"不只是一种方法，而是信念、理想、大道所表现出的高尚品格。

同时，"经世致用"又表现为"先天下之忧而忧，后天下之乐而乐"的博大胸怀。宋代政治家范仲淹所写《岳阳楼记》名文，就是这方面的代表作。在该文中，他提出了一个重要的问题：为官者怎样才能不因环境变迁而改变自己的志向？不因个人得失而转移个人的感情？他回答说：在朝廷做官，要情系百姓，不在朝廷也要有对于国家的忧患情怀，"先天下之忧而忧，后天下之乐而乐"，就是这种情怀的文字表述。

"经世致用"也是不畏强暴的求实精神的体现。这种精神在明末清初社会矛盾激化的时代，在一些思想家的著作中有比较集中的反映。他们将"经世致用"推进到一个新的高度。在中国思想文化史上，"经世致用"不仅是端正学风的要求，而且体现了一种深沉的对于真理的追求精神。

当然，中华传统文化中的"经世致用"包含有学者的人品、视野、学风、精神诸多方面的融汇和结合，内涵丰富深刻。

中华传统文化传承发展的基础

首先，中华传统文化包括深刻的哲学理论思维，其中的"变易"

之学(或"有对"之学)已成为其重要的理论基石。

春秋战国时期,人们对于事物"有对"和变化的思想,在《孙子兵法》《论语》《道德经》(《老子》)、《墨子》《易大传》中有深刻的论述。

《道德经》提出美丑、难易、长短、高下、有无、损益、刚柔、强弱、祸福、智愚、巧拙、大小、生死、胜败、攻守、进退、动静等,认为一方不存在,对方也就不存在。《道德经》讲两个相反方面"相生""相成""相形""相倾""相和""相随"等。引申开来,在思想文化上,要有所继承,也有不取,践行"贵柔守雌"。《易大传》与此不同,主张刚强为主,柔弱为副。

《孙子兵法》发展了老子的"有对"思想。老子"有对"思想的弱点在于把变化看作是无条件的,因而人们对事物发展的前景无法预测。《孙子兵法》比《道德经》深刻的地方在于它指出了转化的条件,在各种条件中,人是最重要的,把人的主观能动性提到了一定的高度。

先秦时期的"变易"之学("有对"之学),到宋代,由于自然科学的发展,又有很大的提升。比如,北宋时关中学者张载在其著作中,说明事物运动,"动非自外""动必有机"(内因)。他举例说,"人一身中两手为相似,然而有左右。一手之中五指而复有长短,直至于毛发之类亦无有一相似",正是这种"不齐",才使"两端"发生相吸而又相斥的关系,于是有人类的繁衍、社会的进步。同时,张载也指出,相互排斥的"两端"并非永远对立,"有反斯有仇,仇必和而解"。

中华传统文化中的"变易"之学("有对"之学)最后归结到人自身,这就是《周易》所说的"自强不息"。这里要提到,近代学者梁启超于1911年到清华大学演讲,用《周易》的"自强不息""厚德载物"

勉励清华学子,这八个字后来成为清华大学的校训。

其次,中华传统文化一贯重视历史记载,中国古代的文献典籍汗牛充栋。其中,古代史学特别关注社会典章制度和思想文化(含物质文化和非物质文化)的记载。司马迁作《史记》,其礼、乐、律、历、天官、封禅、河渠、平准八书,全面记载了汉武帝以前的典章制度。班固撰《汉书》,改书为"志",成律历、礼乐、刑法、食货、郊祀、天文、五行、地理、沟洫、艺文十志。唐代还出现了专门的制度史专著,如刘知幾的儿子刘秩著《政典》,杜佑撰《通典》。总之,中国古代史书记载了中华文化的各个方面,近似于社会生活的百科全书,因而中华文化的各个方面的成就都有文字记载,便于世代相传。

还要提到,中国古代教育保证了文化传承的连续性。夏朝距今4000多年,那时已出现了学校。西周时学校制度初具规模,包含国学和乡学两个系统,春秋时演变为官学与私学。春秋末期孔子办私学,打破西周官学的入学等级性,实行面对社会的开放教育,这样文化的传承就有了宽广的渠道。

唐末五代时期的书院,经北宋时期初步发展和南宋时的突飞猛进,出现了一些著名的书院,如白鹿洞书院、岳麓书院、嵩阳书院、石鼓书院、应天书院(应天府书院)等。这些书院由名师主持,师生之间相互探讨学术,促进了中华文化的传承与创新。

我们加强文化自信,需要对绵延5000多年的中华文化多下功夫去学习、思考,将优秀的成果消化吸收,并使其成为我们的精神根基。

文化自信的深厚历史底蕴*

2016年5月17日习近平总书记在哲学社会科学工作座谈会上的讲话,论述了文化自信的重要性。他说:"我们要坚定中国特色社会主义道路自信、理论自信、制度自信,说到底是要坚定文化自信。文化自信是更基本、更深沉、更持久的力量。"这个论述是关于中华优秀传统文化内在精神的总概括,也是我们对待社会主义先进文化的基本信念。

一、文化自信是对中华文明史深刻认识的体现

中华文明有5000多年没有中断的历史,这是我们关于文化自信坚实的立足点和出发点。众所皆知,陕西省黄陵县有黄帝陵,历代在这里祭祀人文初祖黄帝。2015年2月,习近平总书记到陕西视察工作时指出:"黄帝陵是中华文明的精神标识。"对此加以阐发,使更多的人了解,从而建立坚实的文化自信基石,这是十分必要的。

"文明"一词不是外来语,《尚书·舜典》中的"睿哲文明",指治国理政者应当具有文明的美德。《疏》的解释说:"经天纬地曰'文',照临四方曰'明'。"在中华历史文献中对"文明"的赞美词很多。与"文明"相对的是愚昧野蛮,由此产生了"文野之分"的理论,

---

* 本文刊于《人民日报》2016年9月2日第7版。

这一直是中华儿女们熟记于心的箴言。

我国历史学家和考古学家研究中华文明起源,有一种看法,认为中国从原始社会进入文明社会,建立国家的时候,保留了氏族血缘关系,形成了"家国一体"的模式,走了与西方古希腊不同的发展道路。

2014年习近平主席在纪念孔子诞辰2565周年国际学术研讨会暨国际儒学联合会第五届会员大会开幕式上的讲话中指出:"'文以载道,文以化人。'当代中国是历史中国的延续和发展,当代中国思想文化也是中国传统思想文化的传承和升华,要认识今天的中国、今天的中国人,就要深入了解中国的文化血脉,准确把握滋养中国人的文化土壤。"这里论述了我们建立文化自信的必要性。

二、中国的文化血脉

春秋战国时期,中国产生了"诸子百家",据汉代司马谈的看法,其中有阴阳、儒、墨、名、法、道德(道家)共六家。汉代史学家班固在《汉书·艺文志》中将诸子划分为儒、道、阴阳、法、名、墨、纵横、杂、农、小说十家。

中国历史上出现"百家争鸣",有其历史条件。战国时代,"士"这个阶层特别活跃,他们中有些人是从贵族中分化出来的,有些人则出身于平民阶层。"士"有参与政治的权利,其中有一部分人专门从事学术活动。这种古代社会的变动促进了战国时期学术的繁荣。

儒家创始人孔子着重论述关于"仁"的思想,将"仁"解释为"爱人",一方面是"己所不欲,勿施于人。"(《论语·颜渊》《论语·卫灵公》)另一方面是"己欲立而立人,己欲达而达人。"(《论语·雍也》)孔子认为,在"君子"(有道德修养的人)的生命中,恪守道义是必不可少的。君子为道义而活,非为富贵而生,这些才体现出君子的人生价值所在。孔子是中国思想文化史上最早论述人生价值观的思想家、教育家。他的文化自信表现在他一生为实现人生价值而奋斗的事迹上。

秦汉之际有一部书,名《礼记》。《史记·孔子世家》说它是孟子的老师子思的著作。后来,《中庸》受到唐朝思想家、文学家韩愈的推崇。南宋时理学家朱熹在前人研究的基础上,将《礼记》中的《大学》《中庸》与《论语》《孟子》编在一起,称之为"四书"。朱熹为"四书"作注,称之为《四书章句集注》,对元、明、清三朝思想文化产生了很大影响。

《中庸》中的一个核心理念,称之为"诚"。从自然界看,"诚"是四季、昼夜的更替,按天道规则运行,君子与此相应,应按规矩做人办事,不得枉为。这也就是说,君子在自尊、自信、自律、自省上应有所建树。为此,《中庸》强调君子应"博学之"(广博地学习)、"审问之"(详细地向人请教)、"慎思之"(周密地思考)、"明辨之"(明确地区别是非善恶)、"笃行之"(切实地身体力行,知行合一)。

孙中山先生赞赏《中庸》中的上述五种学习方法,曾经手书赠给广州中山大学,希望师生们以此为学习的座右铭。

习近平总书记重视《中庸》等古代典籍,号召干部们结合时代特点学习参考,重视"慎独",即一个人独处时的思想状况。

先秦诸子中对自然科学研究最广泛、最深入的是墨家。墨子是墨家的创立者,他和他的后学建立起严谨的逻辑体系,并将它应用于自然科学,对时空、光学、力学、几何学等方面的问题,用逻辑语言加以分析概括,体现了春秋末期科学家和能工巧匠们的创新思路。

墨子主张实行贤人政治，使社会上的贤良之士增多，办法是"富之，贵之，敬之，誉之。"(《墨子·尚贤上》)给贤良之士丰厚的物质待遇、高贵的社会地位，信任、敬重他们的才能，表彰他们的成绩，造成鼓励贤良之士成长发展的社会环境，这样贤人就会越来越多，用他们去治国就会显出成效来。

墨子的文化贡献集中表现在他对中国古代自然科学做了奠基工作。墨家学派后来中断，未能传承下去，但墨家的自然科学理论与"尚贤"的文化思想被后代继承发扬。

哲学是时代的反映、民族文化的灵魂。关于"天道"与"人道"的相互关系的研究，是中国古代哲学的基本问题。老子创立的道家学派深入研究"天道"与"人道"的相互关系，构筑了完整的理论体系，成为中国哲学研究的标志性成果。

在老子哲学中，"天道"受到赞扬，而"人道"则遭到贬损。在他看来，"道"演化为天地万物，没有神力，没有矫饰，自然而然。《老子》(《道德经》)称："人法地，地法天，天法道，道法自然。"(《道德经》第二十五章)"天道"不争，不言，不骄，没有制物之心，像无形的巨网广大无边，虽稀疏但没有任何遗漏，将一切事物都囊括在其中。与此不同，"人道"便显得自私、不公。于是问题产生了，如何改造"人道"？老子的回答是："人道"应效法"天道"。

老子关于"天道"与"人道"的论述，展示了中国古代辩证思维的绚丽画卷，反映出哲人的智慧和洞察力。毋庸讳言，老子哲学用自然的"天道"否定"人道"自身的特点，在理论上有其偏颇的一面。不过，在历史的进程中，我们可以看到，当封建社会的治理者在一定范围内将老子哲学的某些方面加以实行的时候，确实有过若干成效。

三、中国古代政治文明的特色

在中华文明中,政治文明占有重要的位置。中国历史进入战国时期后,一种新的政治体制产生,这就是中央集权制。这反映在逐渐用郡县制代替分封制上。春秋时期,秦、楚等国设立县和郡,作为新的行政建制。县在中心区域,郡在边远地区。郡县的官员不再是世袭领主,而是由君主委派官员直接管理。

郡县制取代分封制有两个重要意义:一是在国家制度中由地域关系取代血缘关系,使早期的部族国家转化为疆域国家;二是国家管理人员由职业官员取代了世袭领主。

战国时另一个重大变化是:逐渐形成了区域性的集权制度,其中以秦国最为典型。从秦孝公到秦王嬴政,建立起由君主执掌大权、卿士执行的制度,实行"耕""战"并重的法家政策,为秦国统一六国奠定了基础。

秦王朝(公元前221—前207年)实现了统一大业,在中国历史上建立了大一统的国家,意义重大。

一个王朝,在治国理政的政治设施中,最主要之点是:如何选拔辅佐皇帝治国的百官臣僚。这在中国历史上积累了丰富的经验。汉代以察举(推荐官员)为主体的选官制度,解决了战国以来军功制和养士制不适应治理国家的问题,比较成功地实现了由夺天下到治天下的转变。

隋、唐时期在官吏的选拔上有新的进展,创建了科举制。这种制度改变了前代选官制度中的权力下移之弊,适应了加强中央集权的需要。而且,科举制力求将教育制度与选官制度结合为一个整体,在一定程度上保证了官员队伍的知识化,使社会思想与统治思想相结合,在维护社会稳定方面有明显的作用。因此,科举制度不仅得到唐代统治者的重视,也得到以后各个王朝的重视,成为中国古代政治文明建设中的重要制度之一。

中国古代的政治、法律、选官制度,经过长期的历史积淀,形成了有特色的内容,反映了它们在历史演变中能够自我修复完善并发展,这个问题值得进一步研究。

2014年习近平总书记参加文艺工作座谈会并发表讲话,其中说:"中华文化既坚守本根又不断与时俱进,使中华民族保持了坚定的民族自信和强大的修复能力,培育了共同的情感和价值,共同的理想和精神。"

四、文化自信不能离开国家统一和民族融合这两个支柱

中国历史上尽管有过战乱和分裂,但统一始终是主流。在国家统一的大背景下,中华文明才能生生不息。

自古以来中国是一个多民族的国家。中华各民族日益密切的交往、团聚和统一的过程,也是民族大融合的过程。各民族经过迁徙、杂居、通婚和各种形式的交流,在文化上互相学习,在血统上互相融合,逐渐产生了共同的文化心理特征。特别是近代,中华各民族共同反对外国侵略者,为实现民族伟大复兴而奋斗,这个共同的政治信念极大地加强了民族间的团结。

从历史看,中国的主体民族——汉族的形成,就是各民族大融合的结果。早在先秦时期,我国有华夏、东夷、北狄、西戎和百越五

大民族集团。华夏族是在夷夏融合过程中发展起来的。

汉族能够在历史上起主导作用,不仅因为它人口众多,更重要的是因为它有比较先进的生产方式、比较发达的经济和文化。在中国历史上,有过少数民族入主中原进行统治的时刻,比如有鲜卑(北魏)、契丹(辽)、女真(金)、蒙古(元)和满(清)。他们在进入中原以前,都处于比中原的汉族较低的发展阶段,因此当他们进入中原以后,不仅未能改变汉族原有的生产方式和文化积淀,反而逐渐接受了汉族文化,由此进一步推动了汉族文化与少数民族文化的交融和发展。

中华文明有什么特点?中华文明是人文文明与政治文明的结合。这一点,英国史学家汤因比和日本学者池田大作的对话集《展望21世纪》一书中有这样的评论:"(中国人)比世界任何民族都成功地把几亿民众,从政治文化上团结起来。他们显示出这种在政治上、文化上统一的本领,具有无与伦比的成功经验。"①

战国时代,不同地域的文化存在着差异。秦始皇统一六国后,有汇合地域文化的理想,但没有成功。汉并天下以后,到汉武帝执政时期,经过数十年的多次战争,地方分裂势力基本肃清,而地域文化大体上完成了汇合的历史过程。与这个总的形势相适应,汉武帝实行"罢黜百家、独尊儒术"的国策,以汉族为主体的多民族国家文化共同体才真正形成。这个文化共同体以儒学为主导,并没有阻碍其他学派思想文化的传承发展,于是提出了思想文化的融合会通的问题。在唐、宋时期,儒、道、释的融合会通,将中华文化推进到一个

---

① 〔日〕池田大作、〔英〕阿·汤因比著,荀春生、朱继征、陈国梁译:《展望21世纪——汤因比与池田大作对话集》,国际文化出版公司1997年版,第283—284页。

新的阶段,于是产生了宋代理学。

中国古代思想文化如泉之水,显示出强劲的生命力,因为它形成了一条独特的自我创新之路。它始终以一种开放的姿态,吸取域内和域外的文化,能够在会通的基础上,消化吸收各家的理论成果。这正如庄子在《天下篇》所说,诸子百家的观点,都是宇宙真理的某些方面的表现。虽然各家各派立论的侧重不同、表述的方式有别,但都是对于世界的探索,有助于人们对自然和社会的认识。这也正是儒家"和而不同"文化观的体现。

五、中华文明的传承发展与文字

中华文明的形成、传播、发展与文字有密切的关系。中国文字源远流长,起源于模仿自然、图画纪事、表情达意的需要,并诞生了别具特色的符号系统。以汉字为例,经过长期的演变与实践,逐渐形成象形、指事、会意、形声、转注与假借六种造字法与用字法,反映了中华文化的博大精深和独特的人文情怀。汉字,最初有甲骨文、金文等。秦始皇统一中国后,为统一汉字书写,采用小篆。各地乡音不同,但书写相同,因此,中华文明的传承与发展才有了保证。

秦朝"书同文"的文字统一政策影响深远,虽然后代又有隶书、楷书、行书、草书等文字书写的变化,但秦统一文字则是一个历史性的转折点。文字的统一,有效地促进了不同地域思想文化交流和国家政令的畅通,对实现国家的统一和多民族的融合发挥了重要作用。文字的统一,与各地方言乡音并存,在同中保留有特色的差别,体现了文化统一性与多样性的有机结合。

文字的相对稳定,对中华文明的传承和创新做出了独特贡献。

因为文字(特别是汉字)具有象形与表意的特点,在表达人文精神以及人与万物关系方面简明扼要、形象生动,即使时过境迁,后来者在阅读古籍时也同样可以由文辞而把握其道理与智慧,将世代积累的优秀文明成果一代一代地传承下来。孔子对文字很重视,强调"言之无文,行而不远。"(《左传·襄公二十年》)思想要传播久远,需要有文采的语言文字记载。古人所强调的"三不朽",(《左传·襄公二十四年》)其中之一就是"立言",足见文字在文明传承中的重要意义。古代,有"文以载道""文以化人"的传统,显示了文化典籍和语言文字在传承思想、培育人才与改善社会风气中的积极作用。

丰富的语言文字,需要有相关的工具书帮助人们掌握。东汉许慎撰写的字书《说文解字》,通过剖析文字构件(文)来解说字义,对规范字形、字音与字义做出了贡献。清代,《说文解字》研究甚至成为显学,代表性的如段玉裁的《说文解字注》等。形成于秦汉之际的词书《尔雅》,保留了大量多学科(特别是博物学)知识,为丰富汉语词汇的语言形式、融会沟通词语的意义建立了基础,经过魏晋学者的努力,成为阅读"五经"的重要工具书,后被列入儒家"十三经"中。

独特的语言文字,风格多样的书写形式,形成了符合人们审美需要和表达人们审美感受的书法艺术,它与单纯的社会实用功能的交际工具不同,而是以艺术形式表达艺术家的思想、修养、爱好与情感,"笼天地于形内,挫万般于毫端。"(陆机《文赋》)因此,不同时期的书法本身反映了特定的文化观、历史观与人生观,它既受到历代思想文化的深刻影响,又间接地体现了传统哲学的丰富内涵,如易学的阴阳相推思想、儒家的中庸学说、道家的相反相成观念、禅宗的顿悟静修主张等。书画同源,中国书法的基本观念和表现方式,对独特的中国国画(水墨画)的形成影响很大,它们共同成为中华文化殿堂中的璀璨珍宝。

在某种意义上,独特的汉字文化系统,促进了中华文化的古今传承,也促进了中华文化的对外传播和文化交流。

中华文化对外域文化的研究,不仅重视语言文字的翻译,而且侧重思想内容的介绍与阐释,注意从整体性上加以理解,使其成为中华思想文化的有机构成部分。比如,从两汉之际传入中国的印度佛教文化,在中国是从整体上加以研究的,在唐代完成了佛教中国化的历程。公元13世纪初,印度佛教式微以后,其中许多教派和经典仍然可以在中国找到它的源头。这是中国佛教学者全面整理印度佛教文化的结果,对东方文明和世界文明做出了贡献。

六、中华典籍的重大文化意义

一般说来,中国封建社会,政教分离,没有形成像西欧那样的宗教黑暗时期。当时占主导地位(主流意识形态)的是儒家的经学,它为不平等社会里的"各色人等"找到了一些平衡点。我们可以看到,皇权统治以经学为武器,而民间亦以经学作为维系社会关系(含宗法关系、人际关系等)的价值准则。历代的官方版刻经籍、社会启蒙读本、民间乡约村规,在思想观念上都同经学有关。西汉时有《诗》《书》《礼》《易》《春秋》"五经"。东汉时"五经"加《孝经》《论语》成"七经"。唐时《礼》分为《周礼》《仪礼》《礼记》,《春秋》分为《左传》《公羊传》《穀梁传》,加上《周易》《尚书》《诗经》,成为"九经";后又加《论语》《孝经》《尔雅》,成为"十二经"。宋代,"十二经"加《孟子》,形成"十三经"。

儒家的经书从"五经"到"十三经",是因为社会演进的需要,社会的各个阶层都可以从其中找到自己所需要的思想文化血脉,而不致发生敌对的冲突。儒家经书既维护社会尊卑贵贱的分野,又调节个人的喜怒哀乐。儒家经典所体现的包容性、伦理性,使它成为中国封建社会适用的教科书。这些教科书的普及本,如《三字经》《弟子规》等,其中的价值观进入当时青少年的头脑,使他们矢志不渝。应当指出,这些观念符合中国古代的社会需要,但今天不能简单照搬。

除去儒家经书,中国还有史书,各个思想文化学派的代表作,以及个人的文集等。经史子集,汗牛充栋。

对文献的整理,中国有悠久的历史。清代产生了"专门汉学",许多学者再次精心研究整理中国古代的文献,纠正了许多错误。学者们在研究中探索和掌握了一系列严密的搜集、排比、分类以及识别文献资料的方法,为保护和传承中华优秀传统文化贡献了智慧和心血。

习近平总书记在哲学社会科学工作座谈会上对中华文献做了这样的评价:"中国古代大量鸿篇巨制中包含着丰富的哲学社会科学内容、治国理政智慧,为古人认识世界、改造世界提供了重要依据,也为中华文明提供了重要内容,为人类文明作出了重大贡献。"

结　语

中华优秀传统文化与现实社会主义先进文化相结合而形成的"文化自信",之所以是"更基本、更深沉、更持久的力量",除上面论述外,还由于它渗透于我国社会主义核心价值观之中,既有理念方面的概括，又有实际行动的要求。

习近平总书记在2014年召开纪念孔子诞辰2565周年国际学术研讨会暨国际儒学联合会第五届会员大会开幕式上的讲话中这样说："中国人民的理想和奋斗，中国人民的价值观和精神世界，是始终深深植根于中国优秀传统文化沃土之中的，同时又是随着历史和时代前进而不断与日俱新、与时俱进的。"这两方面结合起来，在坚实的文化自信基础上，才能发挥巨大的精神引领作用。

中华文化连绵不断与儒学[*]

中华文化源远流长,有 5000 多年历史,没有中断,为什么?这要从中国历史文化中去寻找答案。

一、中华文明起源的特殊路径

与古希腊等文明不同,中华文明起源具有自己鲜明的特色和独特的道路。在中国,几千年前从氏族社会走向文明社会,保留了旧有的氏族组织,国家组织建立在氏族、血缘关系的基础上。权力与财产按照血缘亲疏分配,君权与父权相统一。因此,国家与宗族二者合为一体,逐渐形成了以宗法制度为核心的政治制度体系。周人提出了政治伦理观念和范畴,如敬天、孝祖和保民,这些都是中华文化较早的理论基石,对后来儒学的产生和发展具有深远的意义。

天人关系是中华思想文化史上的重要问题,也是探索儒学发展的重要线索之一。古人将之称为"天人之际",即把握天道与人道的关系,占主流的是,强调天人和谐,反对对立,突显人的地位、责任和社会化特质。

在历史上,中国四边的少数民族,他们各种重大的政治、经济和军事活动,都向着中原的方向即黄河与长江中下游流域发展,这显

---

* 本文收录于《第七届世界儒学大会学术论文集》,2015 年 9 月 27 日。

示了汉族文化对他们具有强大的吸引力。在民族融合和文化交流方面,儒学"四海之内皆兄弟"(《论语·颜渊》)等观念发挥了重要作用。

二、秦汉时期以汉族为主体的文化共同体形成,使中华文化与民族命运联系在一起

中国历史上的春秋战国时期,是中华文化"百家争鸣"时期,不同学派的思想观点相反而相成。儒家思想与学派也是在这个大背景下诞生和发展的。

公元前221年,秦始皇统一六国后,尝试汇合地域文化,但没有成功,然而"书同文"即 统一文字的措施在客观上维护了国家统一和文化连绵不断。西汉王朝建立后,到汉武帝执政时期,地方分裂势力基本肃清,中国的统一成为当时的大问题。统一需要有理论的支撑,以董仲舒为代表的春秋公羊学,特别是其中"大一统"的思想符合当时中国历史的需要,被汉武帝采纳,确立了儒学在百家之学中的主导地位。实际上,到了东汉元帝时,即公元前100年左右,儒学才被当时执政者归到"三纲五常"的理论公式中,真正具有了国家意识形态的性质。

"统一",这是中国古代政治、文化、思想方面的关键词。从历史看,中国的统一是逐渐扩大和巩固的。中国历史上最早出现的国家是公元前21世纪——前16世纪的夏朝①,它的疆域包括今河南、山西和陕西等几省的部分地区。到了唐朝,它已控制了北到黑龙江和

---

① 夏以后为商(公元前16——前11世纪)、周(公元前11世纪——前771年),接着是春秋战国时期。

贝加尔湖,西到巴尔喀什湖和中亚两河流域的广大领土。到了元朝,包括西藏在内的所有民族和地区都统一在中央政权之下了。

在中国有文字记载的历史中,统一始终是主题。中国也曾多次分裂,有很多地方和民族政权,但统一的时间远远超过分裂的时间,统一始终是历史的主流。在各民族的交往中,曾经发生多次战争,但和平交往始终是民族关系的主流。历史上为统一做过努力的,除汉族外,还有许多少数民族。

中华文化中的不同思想学派,只有顺应中华"统一"这个主轴,才能长久地为人们接受,并发挥其教化的作用。儒学之所以能在中国思想文化史上占有主导地位,历久不衰,因为它适应于中国历史统一的客观要求。

中国古代自然科学也不能偏离"统一"这个主轴。例如,北魏郦道元(466或472？—527年)所作《水经注》就是证明。他生活在南北朝时期,当时中国处于分裂状态。在这种形势下,不少人尊本地政权为正宗。郦道元不是这样,他的科学眼光并未局限于北魏一隅之地;在他的心目中,祖国是包括南北朝的完整中国。因而他的《水经注》,表达了对祖国统一的向往,完成了我国古代水文地理学的大综合。

三、中国古代政治实践与中华文化

在中国历史上,从战国时期开始,一种新的政治体制从旧体制中逐渐脱胎而出,这就是以皇权为代表的中央集权制度。这种政体,一方面,帝制成为它的核心,另一方面,在地方上实行郡县制。郡县的长官,不再是世袭领主,而是由君主委派官员直接管理。这有两个重要意义:一是在国家制度中由地域关系取代了血缘关系,使中国由早期的部族国家转化为疆域国家;二是国家管理人员由职业官僚取代世袭领主,使贵族政治转化为官僚政治。在这种体制下,秦和西汉实行郡县两级制,东汉实行州郡县三级制。

与秦汉相比,唐代的君主集权制度有些变化。唐代统治者实行科举选拔人才,重视思想文化的内外交流,不断发挥境内各民族融合所产生的文化创造力,促使儒、佛、道的发展与会通,将中华古代文化推进到一个新的高度。唐太宗李世民说他:"以铜为镜,可以正衣冠""以古为镜,可以知兴衰""以人为镜,可以明得失"。

两宋时期,皇权不断强化,选官制度日益完善,书院成熟,中华文化(含科学技术)更加普及与深化。辽金元时期政治、法律和选官制度各有特色,他们采用了汉民族的治国理政方略。明代君主专制继续加强,体制弊端更加突出。清代的君主集权制度,曾经使国力得到提升,保卫了中国的疆土,并使文化传承有了进一步的发展。可是,从1840年鸦片战争以后,面对殖民主义入侵,清朝逐渐沦为一个丧权辱国的腐朽政权,失去了生机与活力。1898年戊戌变法被皇权中的顽固势力扼杀以后,自上而下进行革新运动成为幻想,敲响了中国君主专制制度的丧钟。

中国的君主集权制在一定的历史时期内有利于维护中国多民族国家的统一和安宁,特别是其中的科举选官制度扩展了统治集团的社会基础,为不同阶层的人开辟了入仕途径,形成了由下层社会到上层社会的政治通道。科举制度将教育制度与选官制度结合为一个整体,在一定时期和一定程度上保证了上层官员队伍的知识和道德水平。

科举制能够长期实行,一个重要的原因是:儒学自始至终是它的思想文化资源;科举制中的每个环节都和儒学密不可分。同时科举制也促进儒学与时俱进,两宋时期新儒学(理学)兴起就和科举制有着密切的关系。从宋神宗时起,儒家经学成为科举考试的主要内容,这个原则长期未变。从中国历史可以看到,儒家经学为不平等社会里的"各色人等"找到了一些平衡点。皇权统治以经学为武器,而民间也以经学作为维系社会关系(含宗法关系、人际关系等)的价值准则。历代的官方版刻经籍、社会启蒙读本、民间乡约村规、家规家教,在思想观念上都同儒家经学有关。这种思想上的凝聚,有利于中华文化的传承发展。

总起来说,在中国漫长的封建社会中,有法制,但它不是"法治"(法治的核心应当是法律面前人人平等)。皇权把法制作为治民治吏的手段,而皇帝及其家族则凌驾于法制之上。正因为如此,同一政治体制在不同的皇帝手里,可以有不同的效果,一治一乱有天壤之别,这充分反映出人治的弊端,明清之际,有些史学家对此有过深刻的论述。这种政治体制不能从根本上解决人民(主要是农民)与皇权及其支柱之间的阶级矛盾,当农民难以生活下去,揭竿而起,这就到了改朝换代的时候。不过,朝代的更替未损害中华文化,后一朝代基本上继续使用前一朝代的政治体制,在文化上其主轴仍然是儒家思想学说(少数民族建立的中央政权也是如此)。

四、中华文化的生命力表现在国内各民族相互学习,又善于借鉴、消化外来文化

从中国历史可以看到,中华各民族密切交往、团聚和统一的过程,也是民族大融合的过程。各民族经过不断的迁徙、杂居、通婚和

其他各种形式的交流,在文化上互相学习,在血统上互相混合,你中有我,我中有你,使各民族、地域间的界限日渐淡漠,而中华民族的共同命运、共同文化和心理特征则随之加深、加强。

中国的主体民族——汉族的形成,就是各民族大融合的结果。早在先秦时期,我国有华夏、东夷、北狄、西戎和百越五大民族集团。古代有舜为"东夷之人",周文王为"西夷之人"的说法,(见《孟子·离娄下》)华夏族是在夷夏融合中发展起来的。汉族能够在中国历史上起主导作用,不仅因为人口众多,更重要的是因为它有比较先进的生产方式、比较发达的经济,有连绵不断的中华文化的精神纽带。

我们从中华历史上还可以看到中外文化交流的情况,西汉时开辟的丝绸之路是经济交流之路,也是文化交流之旅。中国的丝绸,改变了西方人的穿着,而西域的物产和音乐,也改变着中国人的日用习惯和音乐风格。中国的儒学影响了日本、朝鲜的文化发展,南亚的佛教也影响了中华文化。以唐朝"安史之乱"为界,唐朝前期奉行"中国既安,四夷自服"的宗旨,在致力于自身发展的基础上平等对待外域,丰富了中国当时的思想文化。中唐以后,由于丝绸之路被阻,加上内患不断,统治政策趋于保守。明清之际,尽管官方采取了"海禁"政策,民间的海外交往并没有停止,民间通过海上丝路的中外交通日益发达。中国的一些商人和平民,经过海路往来贸易,甚至到东南亚以及世界各地定居。他们在维护和发展中国与世界的交往中,为远播中华文化做出了很大贡献。

结束语

2011年中国共产党十七届六中全会召开,结合我国的历史和现实,给中华文化一个界说(定义),即"文化是民族的血脉,是人民的精神家园"。党的十八大报告第六部分"扎实推进社会主义文化建设"中,一开始就用了这个界说。

1. 这个界说体现了中华文化(含中华优秀传统文化和社会主义先进文化)的自身特色,不是抄自外国,而是我们自己归纳总结出来的。

2. 它简明扼要,人们容易记得住,有助于对它内涵的理解。

3. 这个界说用"血脉"一词阐述了中华文化连绵不断的历史特点,还强调了思想、精神、价值观在文化中的重大作用。

2014年9月24日在北京召开的纪念孔子诞辰2565周年国际学术研讨会暨国际儒学联合会第五届会员大会,至今已有一年。在这次大会的开幕会上,国家主席习近平向中外学者提出这样的希望,他说:"中国优秀传统文化的丰富哲学思想、人文精神、教化思想、道德理念等,可以为人们认识和改造世界提供有益启迪,可以为治国理政提供有益启示,也可以为道德建设提供有益启发。对传统文化中适合于调理社会关系和鼓励人们向上向善的内容,我们要结合时代条件加以继承和发扬,赋予其新的涵义。希望中国和各国学者相互交流、相互切磋,把这个课题研究好,让中国优秀传统文化同世界各国优秀文化一道造福人类。"

时代要求我们在对中华传统文化的研究上付出更多的精神劳动,在传承创新上有更多的优秀成果。谨祝第七届世界儒学大会圆满成功!

定稿于2015年7月

中华文明根脉与文化自信*

一、专家们对文化自觉的认识

文化自信与文化自觉密不可分。没有文化自觉也不会有文化自信。20世纪90年代,我国人文社会科学家提出了文化自觉的问题。例如,著名的社会学、民族学学者费孝通先生对文化自觉做了系统的论述。费孝通先生早年曾在清华大学任教。

1997年春节,费孝通先生在北京与老朋友们聚会,曾经这样说:"七年前,我在80岁生日那天,在东京与朋友们欢聚会上,我说过下面的话:'各美其美,美人之美,美美与共,天下大同。'这里'各美其美',是指一个民族、一个国家自立于世界民族之林,要有对自己国家和民族的文化认同,在这个基础上,才能进到'美人之美',即肯定世界文化的多样性,每个国家、民族都对人类优秀文化做出过贡献。更高的目标则是'美美与共',人类的优秀文化成为世界上各民族、国家的共同精神财富,达到这一步,应当是'天下大同'时代的到来。"

---

* 本文刊于《光明日报》2017年8月6日第7版,题目为《文化自信:国家兴衰的命脉 民族精神独立的基石》。

二、党中央提出必须提高全党的文化自觉与文化自信

2011年7月1日,胡锦涛总书记在纪念中国共产党建党90周年大会的报告中谈到社会主义文化建设的时候,这样说:"面对当今文化越来越成为综合国力竞争重要因素的新形势,我们必须以高度的文化自觉与文化自信,着眼于提高民族素质和塑造高尚人格,以更大力度推进文化改革发展,在中国特色社会主义伟大实践中进行文化创造,让人民共享文化发展成果。"

在这个报告中,胡锦涛同志提出:"人才是第一资源",要"牢固树立人人皆可成才的观念,""特别是要抓紧培养造就青年英才,形成人才辈出,人尽其才、才尽其用的生动局面。"

大家知道,在中华优秀传统文化的宝库中,关于人人皆可以成才,有许多深刻的论述。例如,距今2000多年前战国中期的思想家孟子说过:"人皆可以为尧舜。"他认为,"天将降大任于斯人也,必先苦其心志,劳其筋骨",在忧患中造就人才。战国末期大思想家荀子说过:"涂之人可以为禹。"意思是,道路上的人都可以成为像治水的大禹那样圣贤,做出一番大事业。荀子为此写了《劝学篇》,阐述人们在实践中不断学习,才能有所得,比如登上高山才知道天之高,亲临水边才知道地之深,只有在实践中不断学习,才知道学问之大!

三、中共中央总书记习近平论述文化自信的内涵及其重要性

2015年五四青年节,中共中央总书记习近平在北京大学师生座

谈会上说,我们必须知道是从哪里来的,要到哪里去。这个问题实质上就是文化自信的问题,也是价值观的核心。我们应当满怀信心地走中国特色社会主义道路,为民族伟大复兴而努力奋斗。

2016年5月17日,习近平总书记在哲学社会科学工作座谈会上的讲话,再次论述文化自信的重要性及其丰富内涵。他说:"我们说要坚定中国特色社会主义道路自信、理论自信、制度自信,说到底是要坚定文化自信,文化自信是更基本、更深沉、更持久的力量。"

2016年11月30日,习近平总书记在中国文联十大、中国作协九大开幕式上的讲话,对文化自信做了进一步论述,他说:"坚定文化自信,是事关国运兴衰、事关文化安全、事关民族精神独立性的大问题。没有文化自信,不可能写出有骨气、有个性、有神采的作品。"这里阐明:文化自信是国家兴衰的命脉,是民族精神独立的基石。没有文化自信,就不可能实现中华民族的伟大复兴。其中包含有五个方面的认同:

第一,文化自信应认同中华文明从人文初祖轩辕黄帝开始,5000多年没有中断。黄帝陵在今陕西省黄陵县,历代都到这里祭祀黄帝;陕西省黄帝陵是中华文明的精神标识。

2015年9月3日,是我国抗日战争胜利70周年。抗日战争始于1931年日军入侵中国东北。中国人民经过14年抗日战争,于1945年取得伟大胜利。

在9月3日阅兵式上,国家主席习近平的讲话两次提到5000多年的中华文明。他说抗日战争胜利"捍卫了中华民族5000多年发展的文明成果,""中华民族创造了具有5000多年历史的灿烂文明,也一定能够创造出灿烂的明天"。

关于中华文明有5000多年的历史,我国历史学家、考古学家们已有不少研究成果发表,将继续推进这方面的研究。众所皆知,世界上有四大文明古国。中华文明,主要发源于黄河、长江流域;两河流域文明,即幼发拉底河、底格里斯河产生的巴比伦文明;再一个是埃及文明,即尼罗河文明,金字塔是它的象征;还有印度古文明,起源于南亚次大陆。

中华文明连绵不断、没有中断过。从黄帝肇始,到春秋时期(简称为公元前8世纪至公元前5世纪)、战国时期(简称为公元前5世纪至公元前3世纪),这是中华文明异彩纷呈、百家争鸣时期,有儒家、道家、阴阳家、法家、名家(逻辑学家)、墨家、纵横家(外交家)、军事家、杂家、农家,还有在街头巷尾讲故事的"小说家"。

在距今2500多年的春秋末期,儒、墨、道学派的代表人物孔子、墨子和老子,都有他们自己的思想论点,影响了后来中国历史和社会的发展。鲁国的孔子自述:"丘也闻有国有家者,不患寡而患不均,不患贫而患不安。"社会主要是贫富分化的问题,而不是财富绝对值大小的问题,因而治国者应当在"均"和"安"上下功夫。

孔子对上古尧、舜的功业给予很高评价,认为他们是后代治国理政的典范。到战国时期,子思、孟子等继承孔子思想,面对当时社会与民众的苦难,提出了"仁政"理想。孟子在关于"王道"与"霸道"的争议中,坚持"王道",认为不但要使民众有自己的财产,更加重要的是要推行儒家教化,以孝悌仁义提高人们的道德操守,建立良好的社会风气。

春秋末期墨家学派以"兼爱""尚同"作为社会生活的基本准则,宣传"有力者疾以助人,有财者勉以分人,有道者劝以教人。若此,则饥者得食,寒者得衣,乱者得治"。墨子认为,社会生活中之所以存在不公平的乱象,原因在于人与人不相爱。只有从兼相爱、交相利出发,才能改变这种状况。为此就要选择天下贤良之士来从事政事。

春秋末期的老子,在理想社会的追求上与儒、墨不同,他把对自然现象的观察引入政治社会理想。他说:"天之道损有余而补不足。人之道则不然,损不足以奉有余。"由此来看,社会的贫富悬殊与"天道"不合。他的理想社会是返璞归真,小国寡民。

从以上简略叙述来看,春秋末期的儒、墨、道三家都关心社会现实问题的研究,从实际出发,反思历史,展望未来,形成理论,这是中华优秀传统文化的特色。

第二,我们应认同:文化自信反映了中华文明对人类文明的重大贡献。2014年3月,国家主席习近平访问欧洲,27日在法国巴黎联合国教科文组织总部的讲演中说:"中国的造纸术、火药、印刷术、指南针四大发明带动了世界变革,推动了欧洲文艺复兴。"还有,中华儒学受到18世纪法国启蒙思想家们的赞颂,他们从中吸取了丰富的精神营养。

马克思早就指出:"火药、指南针、印刷术这是预告资产阶级社会到来的三大发明。"

第三,我们应认同:世界上不同国家和民族都对人类文明做出了贡献,我们必须尊重世界文明的多样性。联合国规定每年5月21日为"世界文化多样性促进对话和发展日",我国积极参加了这方面的活动。

2014年3月,国家主席习近平在巴黎联合国教科文组织总部的讲演中有针对性地指出:"每一种文明都是独特的。在文明问题上,生搬硬套、削足适履不仅是不可能的,而且是十分有害的。一切文明成果都值得尊重,一切文明成果都要珍惜。"

第四,我们应认同:在中国,国家统一、民族融合为中华文明的繁荣发展奠定了坚实的基础。

中国自古以来就是一个多民族国家。中华各民族日益密切的交往、团聚和统一的过程,也是民族大融合的过程。各民族经过迁徙、杂居、通婚和其他各种形式的交流,在文化上互相学习,在血统上互相融合,逐渐形成了共同的文化心理特征。特别是在近代,中华各民族共同反抗外国侵略者,为实现中华民族伟大复兴而努力奋斗,1949年,各族人民在中国共产党领导下站起来了。

从历史来看,中国与西方有许多差别。早在先秦时期,我国就有华夏、东夷、北狄、西戎和百越五大民族集团。中国的主体民族——汉族的形成,是各民族大融合的结果。汉族能够在历史上起主导作用,不仅是因为它人口众多,更重要的是因为它有比较先进的生产方式,有比较发达的经济和文化。历史上有过少数民族入主中原进行统治的时期,比如鲜卑(北魏)、契丹(辽)、女真(金)、蒙古(元)和满(清)。这些少数民族在进入中原之前,都处于比中原汉族低的发展阶段,因此当他们进入中原以后,不仅未能改变汉族原有的生产方式和文化传统,反而逐渐接受了汉族文化,由此进一步推动了汉族文化与少数民族文化的交流和发展。

战国时代,我国不同地域的文化存在着明显的差异。秦始皇于公元前221年统一六国后,有汇合地域文化的理想,但没有成功。汉并天下后,到汉武帝执政时期,经过数十年的战争,地方分裂势力基本被肃清,地域文化也大体上完成了汇合的历史过程。与这个总的形势相适应,汉武帝实行"罢黜百家、独尊儒术"的国策,以汉族为主体的多民族文化共同体才真正形成。这个文化共同体虽然以儒学为主导,但并没有阻碍其他学派思想文化的传承发展,由此提出了思想文化会通的问题。在唐、宋时期,儒、道、释的融合会通将中华文化推进到一个新阶段。

第五,我们应认同:中华文化具有独特的汉字文化系统。汉字最初有甲骨文、金文,秦始皇为统一汉字书写,采用小篆。我国各地乡音不同,但书面语言相同,这使得中华文化的传承与发展有了保证。文字的统一,有效促进了不同地域思想文化交流和国家政令畅通,对实现国家统一和多民族融合发挥了重要作用。文字的统一与各地方言乡音并存,在相同中保留有特色。

在中国,独特的语言文字,又有多样的书写形式,于是形成了独特的书法艺术。书画同源,中国书法艺术又和中国国画(水墨画)结合,成为中华艺术宝库中的组成部分。

四、中华博大精深的文献典籍保证了中华文明根脉的传承发展

为什么说中华文明5000多年没有中断?从中华浩如烟海的文献典籍中即可看到。

习近平总书记2016年5月在哲学社会科学工作座谈会上的讲话,对中华文献做了这样的评价:"中国古代大量鸿篇巨制中包含着丰富的哲学社会科学内容、治国理政智慧,为古人认识世界、改造世界提供了重要依据,也为中华文明提供了重要内容,为人类文明作出了重大贡献。"

这里举儒学"十三经"来说明。儒家的经书被称为"经天纬地之作",言其重要性,西汉时,有《诗》《书》《礼》《易》《春秋》"五经"。东汉时,"五经"加《孝经》《论语》成"七经"。唐朝时,《礼》分为《周

礼》《仪礼》《礼记》,《春秋》有《左传》《公羊传》《穀梁传》,加上《周易》《尚书》《诗经》成为"九经";后又加《论语》《孝经》《尔雅》成为"十二经"。宋代,"十二经"加《孟子》形成"十三经"。

儒家的经书从"五经"到"十三经",这是社会演进的需要。这些被认为是"经天纬地之作"的经书,包含了中华优秀传统文化中的珍品。它们的社会思想作用在于:一是维护我国传统社会中尊卑贵贱的分野,使之各尽其职、各安其分;二是这些经书对个人的道德修养,以及如何对待家庭、社会、国家的责任都有明确的论述,起了以文化人的作用。

还要提到,这些经书的普及版,如《三字经》《弟子规》等,在中国传统社会起了一定的教化作用。在这方面,我们要力求做到创造性的转化工作,对于过去少儿启蒙读物,吸取其中的某些精华,而不是完全搬来,机械模仿。

五、研究北宋时期思想家张载的"四句教"

2016年5月17日习近平总书记在哲学社会科学工作座谈会上,有一段发挥北宋时关学思想家张载的"四句教",说:"自古以来,我国知识分子就有'为天地立心,为生民立命,为往圣继绝学,为万世开太平'的志向和传统。一切有理想、有抱负的哲学社会科学工作者都应该立时代之潮头、通古今之变化、发思想之先声,积极为党和人民述学立论、建言献策,担负起历史赋予的光荣使命。"我们应当记取。

关学是北宋时期理学的一个重要学派。河南、陕西之间有函谷关,关以西称为关中,关学是由当时的思想家张载创立的。张载祖上为大梁(今河南开封)人,后来到关中眉县的横渠镇,他在这里讲学,所以人们又称他为张横渠。张载提出:"为天地立心,为生民立命,为往圣继绝学,为万世开太平。"这四句话,被称为"横渠四句"或"横渠四句教",这不是出自张载的文章,而是来自他的语录《张子语录》。

第一句"为天地立心"。张载认为,人有见闻之知,这近似于我们今天所说的感性认识。除此,人们还有德性之知。德性之知来源于战国中期孟子的"尽心"论,张载称之为"大心",认为君子应该发挥"大心"的作用,"大心"和我们讲的理性认识有某些相似之处。

张载认为,人有见闻之知,又有德性之知,更重要的是要有德性之知。"为天地立心",就是要沿着孟子的思路,用理性认知来思考天地万物之理。

第二句"为生民立命"。这是孔、孟儒学坚守的优良历史传统。张载继承这个传统,认为北宋时期人们面临两大困苦,一个是土地兼并,再一个是边患。关于土地兼并,张载在关中的眉县试图解决,他把一些田地分给无地和少地的农民,这并没有造成全国影响。总之,"为生民立命"讲的是:儒者应当着力解决百姓的患难和困苦。

第三句"为往圣继绝学"。张载讲的"绝学"指的是以孔子、孟子为代表的儒学传统。在他看来,孟子以后没有出现过真正继承孔孟思想的学人,唐朝韩愈虽然写了《原道》一文,提出儒学的道统论,不过,这只是一些文字;从这个意义上说,儒学已成为"绝学"(中断了的学问)。张载认为,他创立关学,是上接孔孟道统的传人,并以实际行动实现儒家的理想,以此作为自己的使命,为此奋斗一生。

第四句"为万世开太平"。这是儒学的大目标,在张载看来,做人、做事都不能离开这个主旨,这就是《礼记·礼运》中所讲的"天下为公"的大同之世。

总之,从张载的"四句教"中可以清晰地感受到儒学精粹的行动指导作用。

六、深入学习落实《关于实施中华优秀传统文化传承发展工程的意见》

2017年1月25日,新春佳节前夕,中共中央办公厅、国务院办公厅印发《关于实施中华优秀传统文化传承发展工程的意见》,全文共四大部分,论述了从2017至2025年实施中华优秀传统文化传承发展工程的重要意义和总体要求、主要内容、重点任务、组织实施和保障措施。其中的"主要内容"共有三项:一是阐释中华优秀传统文化的核心思想理念;二是宣传中华传统美德;三是发掘中华人文精神。

文件与国民教育紧密联系,提出:"把中华优秀传统文化全方位融入思想道德教育、文化知识教育、艺术体育教育、社会实践教育各环节。"还应"推动高校开设中华优秀传统文化必修课,在哲学社会科学及相关学科专业和课程中增加中华优秀传统文化的内容。"上述内容应当在我国国民教育中实现。

中国儒学与"构建人类命运共同体"

2013年12月31日习近平主席在2014年新年祝词中说:"70多亿人共同生活在我们这个星球上,应该守望相助、同舟共济、共同发展。"他在2017年新年祝词中说:"中国人历来主张'世界大同,天下一家'。中国人民不仅希望自己过得好,也希望各国人民过得好。"2017年1月18日联合国日内瓦总部"共商共筑人类命运共同体"高级别会议上,习近平主席说:"中国方案是:构建人类命运共同体,实现共赢共享。"2017年9月5日,习近平主席在中国厦门主持新兴市场国家与发展中国家对话会,强调共同落实2030年可持续发展议程,共同建设广泛的发展伙伴关系,携手开辟公平、开放、全面、创新的发展之路。

一、联合国2015年9月25日大会决议: 变革我们的世界:2030年可持续发展议程

在《变革我们的世界:2030年可持续发展议程》的《序言》中有这样的文字:"我们今天宣布的17个可持续发展目标和169个具体目标展现了这个新全球议程的规模和雄心。这些目标寻求巩固发展千年发展目标,完成千年发展目标尚未完成的事业。它们要让所有人享有人权,实现性别平等,增强所有妇女和女童的权能。它们是整体的,不可分割的,并兼顾了可持续发展的三个方面:经济、社

会和环境。"

文件强调各项可持续发展目标是相互关联和相辅相成的,从分类上看,一共有五项:

"人类:我们决心消除一切形式和表现的贫困与饥饿,让所有人平等和有尊严地在一个健康的环境中充分发挥自己的潜能。

地球:我们决心阻止地球的退化,包括以可持续的方式进行消费和生产,管理地球的自然资源,在气候变化问题上立即采取行动,使地球能够满足今世后代的需求。

繁荣:我们决心让所有的人都过上繁荣和充实的生活,在与自然和谐相处的同时实现经济、社会和技术进步。

和平:我们决心推动创建没有恐惧与暴力的和平、公正和包容的社会。没有和平,就没有可持续发展;没有可持续发展,就没有和平。

伙伴关系:我们决心动用必要的手段来执行这一议程,本着加强全球团结的精神,在所有国家、所有利益攸关方和全体人民参与的情况下,恢复全球可持续发展伙伴关系的活力,尤其注重满足最贫困最脆弱群体的需求。"

《变革我们的世界:2030年可持续发展议程》对上述各方面都有详细的规划和阐述。

在上述联合国决议尚未公布前,2013年9月,习近平主席出访中亚五国,计划在这里开创新的历史篇章,用创新合作模式建设"丝绸之路经济带",以点带面,从线到片,逐步形成区域大合作,造福于沿线国家和世界人民。四年来在这方面已取得举世瞩目的成绩,并将进一步惠及有关国家。

二、孔子与儒学

打造人类命运共同体,要有文明作为支柱,需要研究和弘扬中国古代儒学。

儒学的创始者是春秋末期思想家和教育家孔子。他是鲁国昌平陬邑(今山东曲阜东南)人,名丘,字仲尼。"儒"的名称早在商代就有了,是对一种宗教职业人员的称呼。在商代,"丘"相当于"村社","丘儒"就是管理一个村社的教职人员,其主要任务是主持祭祀和接待宾客。春秋时期,"儒"成为以传统礼仪知识谋生的自由职业者。孔子是一位有学问的"儒",他对诗(举行礼仪时吟唱的歌词)、书(典籍文诰)、礼(仪式规章)、乐(举行礼仪时表演的音乐舞蹈)、射(射箭)、御(驾车)很熟悉。他整理并删定以前的文献,如《诗》《书》《礼》《乐》,加上《易》和《春秋》,称为"六经",用来教授他的学生。

孔子依照"有教无类"(《论语·卫灵公》)的主张开办私学,把社会上不同阶层的人吸收到门下。这样,在几十年中,形成了一个很有影响的学派——儒家学派。孔子死后,儒家分成八个派别,其中,子思、孟子学派影响最大。孔子的弟子和再传弟子将孔子与学生们的谈话整理成书,名《论语》,这是了解孔子思想最重要的文献。

孔子以前及同时,许多人都讲"仁"。《论语》多处为"仁"规定界说。他不赞成把"亲亲"与"爱人"对立起来,认为"亲亲"是"爱人"的起点,但也不要局限于此。《论语·颜渊》记载樊迟问"仁",孔子回答:"爱人。"一方面是"己所不欲,勿施于人",另一方面是"己欲立而立人,己欲达而达人",应将这两个方面加以结合。孔子说的"仁"是各种德目的总称,如恭、宽、信、敏、惠,认为"能行五者于天下为仁矣"。孔子非常重视孝道,认为人们心里尊敬父母才是真正的孝,如果没有孝心,赡养父母和饲养犬马又有什么区别呢?

战国中期,孟子发展了孔子学说。他认为:君子身处富贵温柔之乡,不能丧失志向;身处贫贱困苦之地,不能改变人格;身处强暴威胁之时,不能丢掉气节,这才是真正的"大丈夫"。(《孟子·滕文公下》)在他看来,君子有了这样宏大的志愿,就有了充塞天地之间的"浩然之气",再伴以扎扎实实的行动,这就是实现"君子"价值的历程。

春秋战国时期产生的"百家之学"都有自己的价值观,影响最大、最深的是孔子与孟子提出的价值理论。

总之,儒学是以"人"为核心的道德文化,讲如何做人,做有道德、有理想、有作为的人;与人讲诚信,讲相互尊重,讲"己所不欲,勿施于人"。后来,儒学又吸取了佛教、道教中的优秀成分,加以改造,使自身更加充实。

儒学是讲爱心的思想文化,爱家乡,爱国家,爱人类,爱一草一木,即所谓"泛爱众而亲仁"。(《论语·学而》)

儒学是重视"民本"的思想文化,主张以民为本,继承西周以来的"明德保民"的政治思想,将道德与政事相结合,提倡"重民""爱民""保民"。

儒学充满忧患意识。"忧患"一词,最早见于《周易·系辞下》:"《易》之兴也,其于中古乎?作《易》者,其有忧患乎?"忧患意识也就是"安而不忘危"或者"居安思危",提醒人们身处太平顺达的境遇不忘危险祸患,时常警戒,避凶趋吉。

儒学是引导人们追求社会与自然相和谐的思想文化,并鼓励人们营造人与人、人与自己内心的和谐,主张用和谐取代社会冲突。

儒学不排斥中华优秀传统文化中的其他学派,主张"和而不同",倡导博采众家之长的文化会通精神。儒学重视人才培养,主张经过努力人人都可以成才,它不是少数天才的文化,而是代表中华民族整体的文化。

总之,儒学给中华儿女留下了许多宝贵的文化基因,需要代代守护,又要推陈出新。

三、《礼记·礼运》的"大同"理想

儒学有关于"大同""小康"社会的论述。《礼记·礼运》托名孔子而把这种社会划分纳入儒学思想体系。这段文字形成的年代,学界多认为在秦、汉时期。

《礼记·礼运》假借孔子之口,以"天下为公"作为大同社会之纲,是一个贤良在位、讲究诚信和睦的社会,有着平等友好的社会关系,财富为大家共同享有,人人都要为了全体成员的利益而工作。人与人之间充满互助与相爱,有着良好的社会保障和福利,养老送终、教育儿女、抚恤鳏寡孤独都由社会负担,权谋欺诈和盗贼横行消失,夜不闭户,道不拾遗,人人安居乐业,个个健康成长,具有良好的社会秩序和公共道德,这样的社会被称为"大同"社会。

《礼记·礼运》认为,随着"大道既隐",社会由"天下为公"变为"天下为家",夏、商、周三代的兴盛期就是这种社会。既然"天下为家",社会准则按照血缘亲属关系远近确定,劳动是为了自己。治理国家实行世袭制度,人们之间的关爱有限,是"各亲其亲,各子其子",按照血缘远近形成社会结构。君臣、父子、兄弟、夫妇,都由"礼义"确定相互关系,遵守一定的道德规范,使社会安宁有序。

总之,《礼记·礼运》关于大同、小康的论述,在中国历史上成为"仁人君子"的共同理想。孔子和儒学也有世界影响,法国启蒙思想家们的社会思想和中国儒学有一定的联系。还有,联合国教科文组织确定的世界十大文化名人,分别是孔子、柏拉图、亚里士多德、哥白尼、牛顿、达尔文、培根、阿奎那、伏尔泰、康德,将孔子列入其中,无疑是合适的。

联合国教科文组织"孔子教育奖"从2006年起正式设立,这是首次以中国古代伟大教育家、思想家孔子命名的国际奖项,是中国为支持联合国教科文组织的世界全民教育计划和联合国扫盲十年以及千年发展目标,为所有儿童提供学习机会,扫除所有成人文盲所做出的实质性贡献。"孔子教育奖"备受世人关注,被誉为世界教育界的"诺贝尔奖"。该奖项主要用于表彰在教育,特别是在儿童教育领域取得突出成就的政府机构、非政府组织和具有杰出贡献的个人。"孔子教育奖"的设立,充分体现了联合国教科文组织推进"全民教育计划"和"提高能力的扫盲行动"的宗旨,更彰显出孔子所倡导的"有教无类"全民教育思想。

四、文化会通精神

儒家《易传·系辞上》有这样的话:"圣人有以见天下之动,而观其会通。"主张思想文化在融会贯通中传承创新。中华文化明显地具有这方面的特质。

中国思想文化史可以说是思想文化会通的历史。这从《吕氏春秋》中可以看出端倪。该书亦称《吕览》,为战国末期秦国吕不韦

(约前292—前235年)集合门客编成,以儒家和道家学说为主,兼论名、法、墨、农、阴阳各家。此书肯定儒家的政治伦理,主张实行仁政,也赞成道家的君无为而臣有为的观点,体现了儒、道的会通。

汉高祖刘邦(前256—前195年)之孙刘安(前179—前122年)被封为淮南王,与门客编撰《淮南子》一书。其中,既有道家的"无为"思想,也有儒家、墨家以天下为己任、劳作不息的论述。

从战国末到秦汉及魏晋时期,其间贯穿着儒家与道家学说的会通,由此产生了魏晋玄学。玄学以《周易》《道德经》《庄子》为基础,称为"三玄"。它既讲自然变化,也谈社会人事变迁;既鄙视世俗,表现出超然物外的态度,又主张保持"名教"(身份等级的象征)传统和对自身既得利益的重视,用以论证"名教"与"自然"的一致性,体现了儒家与道家学说的会通。

中国思想文化的再一次会通,即儒释道三教会通,起于唐代"三教并立"(这里的"教"指教化),至两宋由南宋理学完成。唐代,中国佛学吸取了儒学和道家老子学说的某些方面,有些僧人以"人皆可以为尧舜"来解释佛性,并出现了专讲孝道的佛经,如《父母恩重经》。有些僧人以忠孝思想为内涵,以家族组织为形式编写了禅律《百丈清规》,使佛教中的若干宗派世俗化,这样佛教才有了立足的文化基础。唐代思想家推崇儒学,同时研究佛学,居庙堂之上讲修齐治平、道德教化,处江湖之远则"栖心释梵,浪迹老庄"。时至两宋时期,儒学吸取了佛学宗教哲学的某些论证方法,使自身的哲学思辨,特别是在本体论上,有了新的理论创造。

"会通",用南宋理学家朱熹的话说,就是为儒学寻找"活水源头"。他在诗里写道:"半亩方塘一鉴开,天光云影共徘徊。问渠那得清如许?为有源头活水来。"他和其他理学家将"三教"会通在以儒学为主的思想体系中,称为"新儒学"。与朱熹理学有别,南宋产生了以陆九渊(1139—1193年)为代表的心学思想,认为"心即理",只要"发明本心",即可"穷理尽性"。明代思想家王守仁继承陆九渊心学传统,论述"心即理""致良知""知行合一"学说,反映了思想家独立思考的理性要求。

明末清初思想家黄宗羲说,思想学说为天下之"公器""公识",这要由天下士人共同研究,确定其价值。在他看来,思想学术上的会通精神有助于打破学术上的门户之见,综合各家之长,开辟出一条新路。

五、如何理解"文明"?

《变革我们的世界:2030年可持续发展议程》第36条是这样表述的:"我们承诺不同文化间的理解、容忍、相互尊重,确立全球公民道德和责任共担。我们承认自然和文化多样性,认识到所有文化与文明都能推动可持续发展,是可持续发展的重要推动力。"还有,"目标4:确保包容和公平的优质教育,让全民终身享有学习机会。"4.7有这样的文字表述:"弘扬和平和非暴力文化、提升全球公民意识,以及肯定文化多样性和文化可持续发展的贡献。"这些观点对理解"文明"具有启发性。

在中国古代文献中,对"文明"的赞美颇不少见。如《尚书·舜典》中的"浚哲文明",指治国理政者应当具有文明的美德。《周易大传》有"见龙在田,天下文明""其德刚健而文明,应乎天而时行,是以元亨"等文字,认为具有文明美德的君子能与时俱进,其事业重大而美好。《周易·贲卦·象辞》有"观乎人文,以化成天下"的话,认为文化就是文明产生的良好社会作用。

六、我们的期望

对我们中国学人来说,需要有坚定的文化自信。

我们认识到:这是国家兴衰的命脉,民族精神独立的基石。有了文化自信才能巩固地树立中国特色社会主义道路自信、理论自信、制度自信;而文化自信首先表现于对中华优秀传统文化的尊重与坚守。

我的工作是在大学进行关于中华优秀传统文化的研究和教学,我和合作者们看到联合国 2015 年 9 月 25 日的决议,以及对于与此相关的世界各国对人类优秀文化的关注,感到高兴。近些年来,我和学术合作者研究包括儒学在内的中华优秀传统文化的核心思想理念,其成果于 2012 年由北京学习出版社出版,名为《中华优秀传统文化核心理念读本》,后又加以修订,于 2016 年由江苏人民出版社出版,名为《中华优秀传统文化的核心理念》。

我和合作者从原始资料出发,加以研究,提炼出中华优秀传统文化的核心理念:天人之学——天人和谐的探索精神;道法自然——顺应自然的辩证法则;居安思危——安不忘危的忧患意识;自强不息——生生不息的奋斗精神;诚实守信——进德修业的立人之本;厚德载物——立身处世的根本原则;以民为本——本固邦宁的政治智慧;仁者爱人——超越自我的大爱精神;尊师重道——传道授业解惑的教育理念;和而不同——博采众长的会通精神;日新月异——与时偕行的革新精神;天下大同——指向未来的理想之光。为读者阅读方便,几年前我们已将有关资料搜集起来,进行注释,并译成了现代汉语,公开出版发行。

  令人振奋的是,2017年1月25日,中共中央办公厅、国务院办公厅印发《关于实施中华优秀传统文化传承发展工程的意见》,其中提出:中华优秀传统文化的主要内容是:"核心思想理念""中华传统美德"与"中华人文精神"。此文件提出,"推动高校开设中华优秀传统文化必修课,在哲学社会科学及相关学科专业和课程中增加中华优秀传统文化的内容"等。依据此文件精神,我们在高校做关于中华优秀传统文化的教学与研究工作,又有了新的"活水源头"。

2017年7月至9月于西安